못 말리는 가족

안경환 수필집

교음사

| 책 머리에 |

젊을 때 꿈이 있었습니다.

나의 흔적, 살아온 날들을 되새김질하며 돌아보고 싶었습니다. 나의 이름으로 된 책 한 권을 갖는 게 소원이었습니다. 끄적이던 일기, 낙서, 넋두리가 모여 한 알의 밀알이 되어 책으로 나오게 되었습니다.

팍팍했던 삶을 받아들이고 긍정적인 삶을 살다 보니 좋은 날이 찾아왔습니다. 글을 마무리 정리하다 보니 마음으로 감사할 분들이 너무 많이 떠오릅니다.

10여 년 수필의 물꼬를 트게 해주시고 이끌어 주신 오경자 교수님, 수필집 출간을 도와주신 이민호 선생님, 월간 『수필문학』 강병욱 대표님과 류진 편집장님 정말 감사드립니다.
 평생을 같이하며 글감을 안겨주는 동반자 곽진혁 씨, 물심양면 도움을 준 삼 남매, 우리의 가족이 되어준 두 사위와 며느리, 나중에 우리의 품으로 안겨 온 손자녀 셋 모두 모두 사랑합니다.

2020년 7월

저자 안경환

안경환 수필집

못 말리는 가족

- 책 머리에
- 차 례

1. 태사혜

비 오는 봄날 … 16
글감을 주는 남자 … 18
비 … 23
사진 … 28
태사혜 … 33
세월 … 39
청어 가시를 발라주는 남자 … 43
쪽지 … 49

2. 또 하나의 여름

못 말리는 가족 … 54
또 하나의 여름 … 59
뭔들 못 하리 … 64
미술 선생님 … 69
별사탕 … 74

시월드 … 77
엄마 향기 … 81

3. 말순 여사

깨끗한 세상 … 88
말순 여사 … 93
이런 거 받아본 사람 … 99
밤 세 톨 호두 세 알 … 104
낯선 제부 … 109
호박씨 … 113
황당 … 118

4. 오! 상해

오! 상해 … 124
동화 속 시즈오카 … 128
나목 … 134

겨울나기 … 138
성북동 길 … 141
나한테는 미움이야 … 145
함양 문학기행 … 149

5. 진수식

방관자 … 156
잃어버린 시간 … 160
SNS (SOCIAL NETWORKING SERVICE) … 164
진수식 … 168
연(緣) … 173
촌뜨기의 비상 … 178

6. 야야, 친했고 말고

야야, 친했고 말고 … 184
호두 … 189

스킨십 … 194
한 방울의 눈물 … 198
외면할 수 없는 나이 … 204
결혼식 … 208

7. 신식 사돈

큰사위 … 212
안 주사댁 … 216
신식 사돈 … 221
형제애 … 225
나의 자화상 … 229
생과 사 … 232
중독 … 236

- 안경환의 수필세계 / **오경자** … 239
- 에필로그 … 248

1부

태사혜

비 오는 봄날

"우리 아빠는 우산을 싫어해, 비 맞는 걸 좋아하셔"
"우리 아빠는 눈밭 걷는 걸 좋아하셔"
딸들이 말하는 젊은 날 낭만파 멋쟁이 아빠의 모습이었다.
이렇게 추적추적 비가 내리는 날이면 옛날 일들이 소롯이 생각난다.
경아!
우리가 나이가 들면 웨이브 진 백발을 흩날리며 백구두 신고 멋있게 늙어서 거리를 활보하자고 하던 그이가 눈도 비도 장애물이 되었으니 숱 많던 머리는 성성한 백발이 되어 검정물 먹이지 않으면 추레해서 보기 민망하고 초콜릿 복근은 아니지만, 군살 없는 몸매 다 어디 가고 볼록한 올챙이배 안고 새우등 구부려 잠자는 중늙은이 그 옆에 비슷하게 늙음에 동참하는 한 여자···.

이렇게 우리 부부는 세월을 먹고 있다.

우리 몸은 고목이요, 세 송이 꽃이 피었으니 밑진 장사는 아니군요.

남은 세월 훠이훠이 세 꽃송이 즐기면서 살아갑시다.

　　- 고려대학교 평생교육원 수필창작과정 시화전(2011. 11. 22~11. 30)

글감을 주는 남자

　일요일 아침상을 차린다. 모처럼 다섯 식구가 모여 밥을 먹자고 했는데 안방과 주방 사이에 잘못 전달된 말로 버럭 화를 내는 남자가 있다. 새 식구로 들어온 6개의 눈이 레이저를 보내고 있으니 화를 가라앉히려면 입을 다무는 게 상책이다. 화를 돋우어 놓고는 언제 그랬냐는 듯이 금방 풀어지는 사람이 있다.

　올해의 내 생일날 가족이 다 모였다. 그 남자가 깜짝발언을 한다. 생각 해봤는데 지금부터 10년 후면 50주년 금혼식인데 그때가 되면 더 늙고 볼품이 없어진다고 하면서 금년 5월이면 결혼 40주년 벽옥혼식(碧玉婚式) 때 리마인드 웨딩을 하겠다고 한다.

처음 듣는 소리라 나도 깜짝 놀라고 아이들도 놀랐지만, 결혼식을 다시 해보는 걸로 결정이 났다. 2월쯤에 계약하고 결혼기념일 하루 전날인 5월 19일(일요일) 날이 잡혔다. 여의치 않은 이유나 사연으로 평생 면사포를 써보지도 못하고 사는 사람들은 하얀 웨딩드레스를 입어 보는 게 소원이라고 한다.

　한 남자와의 두 번 결혼식은 행운이라고 해야 하나? 결혼하는 신부가 기쁘고 설레어야 하는데 아무런 감정이 없다. 날짜는 다가오는데 걱정은 오직 맞는 드레스가 있을까 하는 것밖에 없었다. 미리 와서 드레스를 골라야 한다는 연락도 없다. 늘그막의 결혼은 축복도 축하도 아닌가 보다.

　당일 아침 강남에 위치한 언니네 ○○○이라는 곳에 도착했다. 세상에 태어나서 건강검진 때문에 굶은 것 말고는 저녁을 굶어 보기는 난생처음이다. 배 속에서는 꼬르륵 소리가 들려온다. 들어서자마자 거울 앞에 앉히고 화장을 시작한다. 호칭은 계속 신부님, 신랑님이라고 부른다. 어색하다. 신부 화장이 끝날 무렵 웨딩드레스를 입은 모델 사진이 들어 있는 카탈로그를 앞에 펼쳐 보인다. 40년 전 허리가 26인치였는데 불어난 허리를 구겨 넣을 수 있는 드레스를 찾아본다. 한 번의 선택으로 끝내야 한다. 그만큼 입고 벗기가 힘드니 다른 옷으로 바꿔 입으면 요금이 추가된다고 하니 신중해야 한다.

　항상 어깨가 넓은 것이 콤플렉스인 내가 과감한 선택을 해본다. 요즘 결혼하는 신부들이 즐겨 입는 어깨를 다 드러낸 드레스를 선택했다. 걱정한 것은 기우였다. 40인치 허리도 맞출 수 있는 게 그들의 능력이었다. 화장을 끝내고 선택한 드레스를 입히고 머리 위에는 얼굴에 어울리는 화관을 얹고 면사포를 씌웠다. 손에는 손등의 검버섯을 가리는 장갑도 꼈다. 9개월 외손녀 가원이가 눈썹을 붙이고 덕지덕지 떡칠한 외할머니 얼굴이 이상한지 눈을 깜박거리며 쳐다본다. 하객도 없는 사진관에서 설치되어 있는 배경에 자리를 바꿔가며 셔터를 눌러댄다. 누르는 손이 예사롭지 않다. 일사천리로 촬영은 진행되었다.

　40년 전 둘이었던 식구가 10명으로 늘어났다. 애국을 한 셈이다. 남5 여5 비율로 가족사진을 찍었다. 결혼식 피로연은 실핀을 다닥다닥 꽂은 올림머리를 틀어 올린 채 청계산에 위치한 오리고기 집에서 비 구경을 하면서 운치 있게 즐겼다. 남자는 한 편의 글감을 던져주었다.

　아내는 9년째 수필 공부를 하고 있다. 한 2년 전부터 남자에게 권했다. 당신이 좋아하는 취미 생활을 해보라고 했다. 시아버지의 손재주를 닮아 그림을 전공하고 싶었는데 학교 다닐 때는 그 뜻을 이루지 못했다. 아이들은 정작 때맞춰 전공을 살리고 자기 길을 가고 있다. 몇 번 말해도 듣지 않더니 올여름은 어떻게 마음이 동했는지 반허락을 하였다. 집에서 가까운 곳에 있는 미술관에 등록하고 싶었는데 자리가 없어 대기로 기다리다가 개강 이틀 전날 연락이 와서 서예반에 등록하게 되었다.

8월 첫 목요일 개강이라고 하더니 하루 전날 연락이 와서 강사님의 휴가로 다음 목요일에 개강한다고 한다. 두 번째 목요일 오후 2시 개강 날, 때 빼고 광내고(이발과 염색) 미술관을 찾아갔다.

그날 아내는 남자의 DNA를 물려준 시아버지의 기일이어서 집에서 음식을 하고 있었다. 2시 30분에 전화가 왔다. '뭐 이런 데가 다 있노? 강사도 없고 배우는 사람도 대여섯 명밖에 없다.' 원래는 수강생이 20명 정도인데 대기로 있다가 등록을 했으니 꽤 괜찮은 곳이구나, 생각하고 갔는데 혼자서 뻘쭘하게 있다가 집으로 온다는 거였다. 말릴 수가 없었다. 강사의 얼굴도 대면하지 못하고 기분 나빠 배울 수 없다고 했다. 설레였던 늦깎이 서예도 환불받는 것으로 막을 내렸다. 이제 자신이 알아보고 사군자, 동양화, 서예 중에서 하겠다고 한다. 그 미술관 하고는 인연이 없었나 보다. 그렇게 올여름은 가고 있었다.

중고품 거래, 무료 나눔 하는 당근마켓이란 곳을 알고부터는 잡다한 물건이 자꾸만 늘어난다. 잔소리를 하니 나중에는 사들여서 일단 감추었다가 슬그머니 내놓기도 한다. 10가지 중에 1가지만 잘 샀다고 칭찬하면 너무 좋아한다. 오늘 일요일 아침 김치 묵은지를 무료 나눔하는데 일단 신청해 놓았다고 하길래 OK 사인을 보냈더니 빈 김치 통을 들고 한달음에 달려나간다. 며느리와 둘이 눈을 마주치며 웃었다. 젊은 날 카리스마는 자취를 감추고 자상함을 넘어서 살림 재미를 느끼는 여성이 되어 간다.

  카트가 수북하게 물건을 사야 직성이 풀리고 마트 가기를 좋아하는 남자가 마누라 눈치 보느라 물건도 마음대로 못 사는 남자가 되었다. 그렇게 나이가 들어가고 있다. 젊은 날 귀걸이를 한다고 귀를 뚫겠다고 하니 기함을 하던 사람이 얼마 전에는 내게 당신 눈꼬리가 처졌다고 성형을 고려해 보라는 말을 하였다.

  세월 따라 사람도 변하나 보다. 남자는 말한다. 실수하거나 흉 잡힐 거리가 생기면 '내가 바로 글감이지 내가 없으면, 살아주지 않았으면 글감이 없어서 어떡할 뻔했느냐.'고 하면서 하회탈 웃음을 웃는 그를 마주보며 웃어 주었다.

(2019. 8)

비

국지성(초 국지성) '비'라던가? 소낙성 비라던가? 기상대는 명칭도 잘 만든다. 여름의 막바지에 해가 반짝 났다가 금세 시커먼 먹구름이 몰려와서 소낙비를 뿌려댄다. 우리들은 흔히 여우비라 표현한다.

장사는 날씨와 많은 관계가 있다. 비 오는 날에는 예정된 쇼핑이 아니면 가족들, 연인, 마음 맞는 친구들과 오붓하게 먹거리를 찾아 발걸음을 재촉한다.

자그마한 가게 나만의 작은 공간

"너무 예뻐요"

"인사동이나 홍대 앞에 있는 shop 같아요"

젊은 사람들의 칭찬에 늘 기분이 좋아지고 마음은 풍요로워진다.

어제는 20대 후반 아니면 30대 초반 손님이 왔다. 골라 쥔 머리핀을 꽂으려다 말고 자기 머릿속에 돋아난 흰머리를 뽑기 시작한다. 긴 흰머리를 뽑아서 가게 바닥에 그냥 막 버린다. 웃으면서 손님 그걸 거기다가 막 버리냐고 했더니 자기도 깔깔대며 웃는다. 에어컨, 선풍기 바람 따라 어디에 내려앉아 흰머리가 똬리를 틀지 모른다. 아예 봉지를 벌려 들고 대기 중에 있다.

"손님 흰머리가 많은데 여기서 해결이 안 될 것 같은데요"

그 소리는 귓등으로 흘려듣고 앞, 옆, 뒷머리를 가르마를 타가며 뽑는다. 어정쩡하게 서 있던 중년 여인은 젊은 여자의 흰머리를 받아 담는다. 남의 가게인지 자기 집 안방인지 착각하나 보다. 어이가 없다. 상식 밖이다. 어느 정도 지나니 가방에서 머리빗을 꺼내어 머리를 빗는다. 또 머리 타령을 하며 남은 흰머리를 뽑는다. 들어오던 손님이 멈칫하고 나간다. 눈치가 제로다. 어떻게 무슨 말을 해야 동작을 멈추고 물건을 사서 나가나? 인내심에 한계가 왔다. 그래도 꾹꾹 눌러 참는다. 참는 데는 챔피언이다.

목걸이 걸어보고 핀 꽂아 보고 귀걸이 걸어 보고 진열대 위 지갑만 만지작거리다가 미안하다는 소리도 없이 그냥 나간다. 시험

대에 오른 인내심이 스멀스멀 머리 꼭대기 위에서 곤두박질친다. 이 상황을 어떻게 해야 하나? 어이가 없어 뒤통수만 노려보다가 '부를까? 말까? 양심이 있으면 설마 하나쯤은 사 가지 않을까?' 그 생각은 미련스런 착각이었다. 끝까지 손님 예우를 해준 자신에게 분통이 터진다. 곪은 속 혼자 삭이며 이런 경우 적절한 말을 준비해 놓지 않은 자신만 탓하며 흥분한다. 이런 아줌마를 홀로 남겨둔 채 생각 없고 개념 없는 여자는 따가운 눈초리만 정수리에 매단 채 제 갈 길을 가버렸다.

그래 참자 참는 자에 복이 있나니 빨리 잊자, 그 방법밖에는 득 될 게 없지 장삿속은 개도 안 먹는다는데…

오늘도 비가 오락가락, 가게 안에서 손님이 계산하려는 찰나 와 장창 가게 밖에서 난리가 났다. 하얀 철재로 된 회전식 핸드폰 걸이를 꼬마가 넘어뜨린 것이다. 바닥에는 떨어진 곰돌이(베어브릭), 소녀, 토끼, 닭, 하이힐, 핸드폰 고리들이 철재 고리와 뒤섞여 '비' 속에 처연하게 누워들 있다. "날 구해주세요" 하듯이 -

그 옆에는 꼬마와 엄마, 동생, 엄마의 친구 모든 식구들이 사색이 되어 서 있다. 죄송해요, 아줌마 어떡해요? 하며 눈치를 살핀다. 불쌍해 보인다. "다친 데는 없니?" "그냥 가거라 다음부터 조심하고" 애 엄마의 얼굴이 의외란 듯이 화들짝 놀라며 화색이 돈다. '내가 그 입장이 되면 얼마나 민망할까?' 쿨하게 그 식구들을 돌려보냈다. 여우비에 젖은 핸드폰 고리들을 정성을 들여 닦는다. 다리가 떨어진 곰돌이가 나온다. 쪼그리고 앉은 다리가 저려 온다. 비가 부슬부슬 내린다. 부아가 치밀어 오른다. 차 떠난 뒤 손 흔드는 어리석음을 자책하고 그냥 간 그 사람들을 원망하면서….

아니다 잘한 선택이었다. 옛 어른들 말이 떠오른다. 어린애의 잘못은 문책하지 않는다는… 조금 손해 보면 된다고 자신에게 최면을 걸어본다. 하나, 둘, 셋, 백도 넘는 고리들을 윤기 나게 닦아서 제자리를 찾아 걸었다. 그래 목욕 한번 잘 시켰다. 덕분에….

인생은 늘 후회의 연속이다. 못다 한 이야기들, 경우 없는 손님에겐 속 시원히 표현 못한 내가 바보 같을 때가 많다. 순발력이 떨어지나? 머리 회전이 느린 걸까? 배포가 좁쌀인가? 그래 순수로 착함으로 결론을 짓자. 가끔은 얄팍하게 위인을 삼으며 선화위복으로 눙쳐 버리기도 하지만….

인간은 나름대로 색깔과 개성이 있으니 두루뭉술 섞여서 사는 것도 기술이지. 아직도 밖은 우산 쓴 사람들이 오고 간다. 비만 오면 예쁘게 차려입고 어김없이 나타나 쇼핑을 즐기는 손님이 있다는 이야기를 친구에게 들은 적이 있다. 그것도 정신질환의 일종이라 한다. 만물의 영장인 인간이 제 마음 하나 간수 못 하고 자연에 휘둘리는 미물이란 생각이 든다. 이 비가 그치고 밝은 햇살이 비추면 우중의 사건들이 재미난 이야깃거리가 되리라. 일말의 양심을 전당포에 잡힌 사람들의 행동은 '비' 때문이야 비, 비, 비 탓으로 돌려본다.

(여름 장마 2011. 8)

사진

    달포 전부터 남편이 3월의 마지막 토요일 시간을 비워 놓으라고 가족 모두에게 통보했다. 새사람(사위)이 들어 왔으니 가족사진을 찍는다고 했다.

    결혼 전, 결혼식 사진은 이미 빛바랜 사진첩이 되어 묵혀졌고 아이들이 태어나고 자라면서 몇 권의 사진첩 숫자가 늘었다. 그 이후 수많은 사진들은 사진첩에 끼지도 못하는 찬밥이 되어 다용도 상자 속에 뒹굴고 있다. 언젠가는 정리해야지 하면서 늘 마음뿐이다. 개개인의 사진은 넘쳐나지만, 가족사진은 20년 저 너머에 찍고 더 이상 사진관을 찾지 못했다.

사진은 많은 추억을 떠올리게 한다. 학교에 다닐 때는 아사히 펜탁스, 캐논, 니콘이란 일제 사진기가 인기였다. 한번쯤 갖고 싶은 물건이기도 했다.

그 꿈은 접은 채 아들이 사진 전공을 한다고 했을 때 렌즈가 돼지 입처럼 쑥 나온 니콘 중고 카메라를 구입해 주었는데 지금은 다른 사진기에 밀려 장롱 속 깊이 잠자고 있다. 컬러사진이 나오면서 흑백 사진은 퇴색하여 뒷전으로 밀려났다. 몇 해 전 검은 리본을 매단 노인대학 학사모를 쓰고 웃고 있는 친정어머니의 영정 사진을 보고 울지도 웃지도 못한 적이 있었다. 영정 사진에 무슨 격식이 있겠냐고? 하지만 조문객이 흉볼까 봐 걱정하는 큰올케를 "언니 괜찮아 보기 좋구먼" 하면서 시누이 입장에서 이야기한 적도 있다.

사진을 찍고 나면 현상되어 나올 때까지 걱정 반 기대 반으로 설레인다. 눈은 감지 않았을까? 옷매무새는? 왜 이리 뚱뚱하게 나왔지? 눈꼬리가 여덟 팔자로 처졌네. 이게 뭐야? 세월을 실감하며 오랫동안 눈도장을 찍다가 새로 찍은 사진들에 뒷전으로 밀려난다.

사진도 유행이 있다. 도로변 곳곳에 널려있는 photo shop에 친구들과 얼굴만 디밀면 예쁜 바탕색으로 치장한 사진들이 콕콕 박혀 나온다. 핸드폰으로도 쉽게 찍을 수도 있고 디지털카메라가 나오고부터는 너도나도 한 대쯤은 가지고 다니는 필수품이 되었다. 찍는 즉시 사진을 볼 수 있고 마음에 들지 않으면 즉석에서 삭제할 수도 있는 편리한 최첨단 기능이다. 화소가 낮다느니, 신제품이 나오면 핑곗거리를 찾아 교환하기 바쁜 요즘 아이들이다.

어느 때부터인가 사진기를 갖고 싶다는 꿈도 열정도 식어 있었다. 남편의 권유로 십수 년 만에 내 소유로 된 디지털카메라를 갖게 되었다. 핸드백에 분신처럼 가지고 다니며 시도 때도 없이 원 없이 팍팍 찍어댄다. 인터넷에 연결하면 큰 화면에 볼거리가 되어 나타난다. 단체 사진은 전송도 할 수 있다.

얼마 전 『윤미네 집』이란 사진집을 본 적이 있다. 한 가정의 남편이 자식들의 출생부터 출가하기까지 가족들의 일상생활을 사진에 담고 기록하여 책을 만들어 후세에 남긴 그야말로 다큐멘터리였다. 행복이 그대로 녹아 있는 게 부러워서 샘이 나는 사진집이었다. 진작 깨달았다면 나도 할 수 있었는데… 시도라도 해볼 걸 하고 후회한 적도 있었다.

드디어 약속한 토요일 오후 2시! 가족사진의 모델들이 강남에 위치한 사진관에 속속 도착하고 있다. 겨우 여섯 명인데 시간을 내어 맞추기가 쉽지 않다. 새 자동차로 바꿀 때 자동차 회사에서 보내온 사진 촬영 할인 티켓 때문에 이런 마음을 먹은 남편이었다. 티켓에 기재된 가로 세로 크기를 줄자로 재보기도 하고, 가늠을 해보니 TV 21인치 크기 정도는 될 것 같았다. 이 정도면 충분하다 큰 사진을 권해도 흔들리지 말자 중무장을 하고 귀한 시간을 내어 사진을 찍었다. 그야말로 화보다. 높고 낮은 발판을 이리저리 옮기고, 재킷을 입어라, 벗어라 주문도 많다. 여섯 명의 모델들은 사진사가 시키는 대로 꼭두각시가 되어 말없이 잘도 따라준다.

"수고하셨습니다!"

큰 화면이 딸린 작은 방으로 식구들을 모은다. 큰소리치던 남편은 쭈뼛쭈뼛 꽁무니를 뺀다. 네 가지 설정 중 한 가지 설정에 다섯 컷 중 좋은 것 한 가지 고르기다.

고르기는 끝났다. 계산이 남았다. 15만 원짜리 할인 티켓을 내밀었다. 그 액수에 해당하는 사진을 보여주었는데 낡은 사진틀에 담겨 있는 어느 할아버지 얼굴이다. 다른 사진틀에 비하면 손바닥만 해 보인다. 어이 상실이다. 겨우 한다는 소리가 "집에서 맞춰 볼 때는 그 크기가 아닌데?…" 모깃소리만 하다.

"아닙니다. 대기업을 걸고 발행한 티켓이 거짓말을 할 수 있나요."

그런 것 같기도 하다. 모든 식구들이 최면에 걸렸다. 자꾸 큰 사진틀에 눈길이 간다. 흔들리지 않는다는 남편과 큰딸도 할인은 간곳없고 책 크기만한 쌍둥이 액자와 증명사진 크기 정도의 몇 장을 덤으로 받는 걸 끝으로 최신식 디카 두 개 값이 되는 거금을 지불하였다.

시간이 아까워 사진사의 수고로움이 마음에 걸려 울며 겨자 먹는 꼴이 되었다.

병약한 노인들을 모아 놓고 수십 배에 달하는 건강식품을 판매하여 사기를 친다더니 어쩜 그 꼴을 당한 것 같아 마음이 편치 않고 씁쓰레하다. 좀 더 명확한 상거래와 뒤통수 맞는 개운치 않는 사진관의 폭리는 근절되었으면 하는 개인적인 바람이다.

사진도 유행이 있나 보다. 바탕이 전체적으로 거무스레하게 어둡다. 큰딸 결혼식 때 사진도 있지만 이 가족사진은 또 다른 의미가 있다. 후세에 남겨질 흔적이고, 기억해줄 증거물이다. 자주 만나지 못하는 가족들, 6명이 대형 틀 속에 갇혀 활짝 웃고 있다. 보고 싶으면 언제든지 볼 수 있는 가족사진 앞에 늘 속삭인다. 건강하길….

(2012 『여울』)

태사혜

거실 바닥에 펼쳐 놓은 신문지 위에서 남편은 쪼그리고 앉아 아내의 신발 뒷굽에 못질을 하고 있다. 잘 안 되는지 공구함을 들락거린다. 펜치를 찾아 고정시키고는 망치로 가느다란 못을 박고 있다. 아내가 여행 중에 신고 다니다가 밑창이 떨어져 나간 신발을 수선 중에 있다.

사람들은 각자 취향과 개성에 따라 여러 가지의 신발을 가지고 있다. 모양과 색깔도 정말 다양하다. 신발 하나에 그 사람의 인품이 드러난다고 해도 과언이 아니다. 어느 지인의 말을 빌리면 서울 강남에서 큰 식당을 운영하고 있는데 그 집 주인이 수많은 손님들의 신발을 정리한다고 했다. 식사를 끝내고 나갈 때 손님의 차림새나 얼굴을 보고 신발을 내어놓으면 백발백중 거의 맞는다고 했다. 신발도 얼굴만큼이나 중요한 부분이라는 생각이 든다, 비싸게 구입해도 발에 맞지 않으면 잘 신지 않게 되고 아끼다가 유행도 바뀌고 못 신게 되는 신발이 많다, 12개의 구멍에 끈을 묶어 신을 수 있는 발목을 덮는 진한 갈색 워커를 구입했다. 젊음의 트랜드라고 생각했지만 개의치 않고 잘 신고 다녔다. 일단 편하다. 몇 년 전 남편이 나의 걸음걸이를 보고 이제 할마이(할머니) 다 됐다고 했는데 그때는 웃어넘겼지만 정말 걸음걸이가 이상한지 신발 굽이 한쪽으로만 기울게 닳는다. 구두 수선을 맡기자니 구두값보다 수선비가 더 비싼 것 같아서 늘 지나다니는 사거리 노점에서 구입한 네 개에 천 원짜리 반달 굽을 접착제로 붙이고 못질을 해서 신고 다녔다.

  지인들과 유럽 여행의 기회가 있었다. 몇 켤레의 신발을 챙기기는 했지만, 또 그 편한 신발을 신고 여행길에 올랐다. 핀란드 헬싱키 공항을 경유해서 스페인 마드리드 공항을 통과할 때였다. 중국인 관광객도 어디선가 떼로 몰려오고 우왕좌왕하고 통관이 까다롭다는 가이드의 말이 있었기에 죄지은 게 없는 난 의기양양하게 공항 검색대에 섰다. 삐비비비 기계가 제지 신호음을 낸다. 검색원이 옆에 있는 다른 검색대에 맨발로 오르라고 했다.

처음에는 무슨 말인지 알아듣지도 못했다. 나한테 일어난 일이라고는 한참이 지난 후에 알았다. 여자 검색원이 몸을 샅샅이 아래위로 훑고 더듬기를 몇 차례씩 한다. 속으로는 떳떳했지만, 검색대에 걸린 이유도 모르고 일행들에게 창피하기도 했다 아차 그거였구나. 나중에 구두를 벗고 검색대에 섰을 때는 인식기가 잠잠한 걸 보니 신발에 문제가 있었다. 신발 밑창에 삐져나온 못이 금속 탐지기에 걸렸다는 생각이 들었다. 그래도 그 신발을 신고 여행을 계속하였다. 스페인과 포르투갈을 넘나드는 중에 아슬아슬하게 간신히 붙어 있던 한 개의 못이 떨어져 나갔다.

이슬람 지배 시절 아랍 양식으로 건축된 '알람브라 궁전' 길을 신나게 걷다가 신발 밑창의 반달은 이별을 고했다. 뒤에 따라오던 일행이 신발에서 뭐가 떨어져 나갔다고 했다. 전문수선에 맡기지 않고 대충 박은 나만이 알고 있는 반달 밑창이다.

사람들은 살아가면서 수많은 발자국을 남긴다. 매일 걸어 다니는 길 두 다리가 성할 때까지는 걷기를 반복한다. 족적이란? 살아온 발자취를 말한다. 내가 걸어 다닌 발자국이 아니라 발자취다 나름 열심히 살아온 삶이지만 생각해 보면 아무것도 내세울 게 없다. 우스운 이야기지만 동남아 여행 때 나는 검정 샌들, 큰딸은 흰색 샌들 하나씩을 버리고 왔다. 같은 길을 다시는 못 올 거란 생각에 신던 신발을 이국땅에 두고 오면서 아쉬움보다는 나의 분신을 남기고 왔다는 객쩍은 생각을 한 적이 있다. 모녀만이 남긴 추억의 흔적이다.

20여 년 전 운동을 해보겠다고 시작도 하기 전에 볼링화와 골프화를 구입해 놓은 적이 있었다. 시도는 해봤지만 내 적성이 아니라고 포기하고는 한번 꺼내 보지도 않기에 오랜 시간 신발장 안에서 잠들고 있었다. 얼마 전 이사를 하면서 눈에 띄는 것은 대충 정리를 하고 버렸는데 포장 이삿짐 속에 같이 따라온 신발을 집에서 발견하고는 깜짝 놀랐다. 신지도 않았는데 연보라색 볼링화는 탈색되고 가죽은 금방 바스라 질듯이 오그라져 있었다.

그 신발을 보는 순간 내 자신이 떠올랐고 신발의 최후가 같이 나이 먹어 가는 나를 보는 것 같았다. 수분이 빠진 미라가 연상되어 오싹했다 한참을 들여다보다가 종이에 곱게 싸서 버렸다. 생명이 다한 사람이나 물건도 다를 게 없다는 생각을 했다.

하던 일을 멈추고 남편을 보니 목이 깊은 신발에 못질하느라고 끙끙대고 있다. 속에 받칠 받침대가 없으니 아이들이 쓰던 주사위를 대고 휘어진 못을 바로 세우며 마누라를 위한 구두 수선에 안간힘을 쓴다. 아내의 칭찬을 받고 싶기 위해 열심히 하는 남편을 보는 순간 불현듯 태사혜(전통꽃신)를 만든 갖바치가 떠오른다.

조선 중종 때 일이다. 조광조는 요즘으로 말하면 진보 세력쯤으로 보인다. 낡은 구시대의 정치를 버리고 공자인 유교의 영향을 받아들여 성리학을 연구하고 개혁을 부르짖다 반대 세력(구훈파)에 부딪혀 그 꿈을 펼치지도 못하고 기묘사화 때 전남 화순 능주에 귀양을 가서 20일 만에 사약을 받는 인물이다. 귀양길에 평소에 빈부귀천을 따지지 않고 알고 지내던 갖바치가 봉두난발을 하고 나타나서 낡은 걸망에 한쪽은 검정색, 한쪽은 흰색 신발인 태사혜를 지어서 전하며 이런 글귀를 전하고 갔다고 한다. 여기에 두 줄 중 마지막 구절을 적어본다

"천 년 세월도 검은 신을 희게 하지는 못하는구나."

그런 뒤 갖바치는 전설의 인물로 두 번 다시 나타나지 않았다고 한다. 조광조는 능주에서 사약을 받고 가묘를 했다가 그 뒤에 신발을 같이 묻어 달라는 유언에 따라 초라한 시신에 어울리지 않은 화려한 가죽신 태사혜를 신고 고향인 용인에 매장되었다. 500년이 지난 지금 백골이 진토되고 그 태사혜도 썩어 문드러졌겠지만, 조광조의 정책은 후세에도 갑론을박 해답이 없다. 지금의 나라의 정책도 보수와 진보란 이름하에 세력 다툼을 하고 있는 것은 예나 지금이나 변한 게 없다.

갓바치의 말처럼, 오백 년이 더 흘러 천년의 틀을 깨고 조광조 어른이 멋진 정책을 가지고 화이트 블랙의 배색이 멋진 N브랜드의 신발을 신고 짠하고 나타나지 않을까? 하는 희망도 가져본다. 짝짝이의 흑백 신발은 보는 위치에 따라 색깔이 다르며, 그 사람을 보는 평도 다를 수 있다.

안방에 가면 시어머니 말이 옳고 부엌에 가면 며느리 말이 옳다는 말이 있다. 모두가 맞는 말이기도 하고 틀린 말인 것 같기도 하다. 사는 데 정답은 없다. 지금 남편은 오백 년 전의 갓바치가 되어 아내를 위한 신발 수선에 정성을 다한다. 한쪽으로 뒤축이 닳은 신발에 반달을 야무지게 붙여서 수평으로 만들어 주었다 남편이 신세대의 갓바치가 되어 고쳐준 신발이 내 발과 함께 동고동락한다고 생각하니 갈색 워커를 신은 발이 가볍다. 남편은 퇴근한 아내에게 묻는다.

"신발 개안나?"

(2014. 10)

세월

 기다리지 않아도 쏘옥쏙 잘도 자라는 머릿속 파뿌리 밭을 검정 염색물로 가리고 평소보다 약간 큰 가방을 남편에게 들게 하고 서둘러 집을 나섰다.
 해마다 4월 중 1박 2일 날을 잡아 남편의 사촌들이 모임을 하고 있다. 조건은 결혼해야 모임에 가입할 수가 있다. 작은삼촌의 아들들은 이제 막 결혼하여 우리 딸 나이 또래의 동서가 합류하기도 한다.
 돌아가면서 집에서 하던 모임이 10여 년 전부터는 유명한 명산 명소를 돌며 밖에서 하고 있다. 며느리들이 좀 편해 보자는 의도도 깔려 있다. 올해 4월의 모임은 지리산 '신세계 리조트'이다. 대중교통 이용은 버스를 타고 경남 산청에 내려 택시를 이용하란다. 미리 예매해 놓은 승차권으로 버스에 올랐다. 정신을 차리니 약간 괘씸한 생각이 솔솔 피어오른다. 달포 전 사촌 동서한테 승용차로 움직이면 같이 묻어가자고 부탁했었는데 지금까지 연락이 없다. 내가 손위 동서인데 자존심도 약간 상하고 기분이 영 말이 아니다. 감정을 추스르고 손전화기를 들었다.

아니! 2통의 부재중 전화가 들어와 있다. 흉을 본 게 머쓱하다. 태연하게 전화를 걸어본다. "형님 어디세요?" 다급하게 전화를 받는다. 버스 탔다고 하니 자신도 버스를 타려다가 놓쳐서 그냥 자기 차로 막 고속도로에 올렸다고 하면서 산청 터미널에서 합류하잔다. 나중에 들은 이야기로는 부부간에 다툼이 있어 미리 전화를 못했다고 했다.

나이가 들면 경험으로, 연륜으로, 이해하고 너그러워져야 하는데 성질만 급해지고 지레짐작 속단하기 바쁜 인성으로 변해 가는 것 같다. 흉을 본 속내를 감추고 차를 얻어 타고 처음 가는 길 내비게이션을 켜고 찾아간다. 꼬불꼬불 산골길 대구에서 온 일행들은 벌써 판을 벌리고 있다. 해거름이 되니 우리 쉼터는 적막강산 귀곡 산장이 따로 없다. 암흑 속에 우리만 고립되어 있다.

아마 비수기라서 그런 것 같다. 세월이 흐르니 작년까지만 해도 따라다니던 아이들이 보이지가 않았다. 어른들만의 만찬이다. 20년 전 첫 모임 때의 싱싱한 젊음도, 패기도, 질펀하게 먹던 술 양도 점점 줄어들었다. 어느 정도 술이 오르면 잠잘 자리 잡기 바쁘고, 아침잠은 왜 그리 없는지 시동생들 등살에 자는 둥, 마는 둥 자리를 털고 아침밥 준비하기 바쁜 동서들이다.

주위에는 사우나 시설도 산행도 마땅찮아 장소를 옮겨 본다.

경남 하동군 평사리에 도착했다. 그 유명한 박경리 씨의 소설 『토지』의 배경 드라마 촬영지였다. 많은 차들과 붐비는 사람들로 관광 명소가 되어 있었다. 일정에 없는 문학기행이 되었다. 솔솔 볼을 간질이는 봄바람! 멀리 병풍처럼 둘러쳐진 야트막한 산들⋯ 양반, 서민이 살았다는 한동네가 어우러져 한 폭의 그림이다.

문학을 알아가는 걸음마 단계에서 구경거리가 즐거움이 배가 되고 느낌이 남다르다.

쑥, 인절미, 한과로 군것질도 하고 향긋한 취나물도 사보고 천연염료로 물을 먹였다는 두건도 사서 써본다. 최 참판이 살았다는 뒷마당에서 배불뚝이 남편은 화살꽂이, 제기차기를 하면서 동심으로 돌아가 너무나 좋아한다. 만개한 벚꽃들이 꽃비가 내리는 꽃길을 따라 남원을 향해 달린다. 소중한 추억거리도 사진 속에 담아

가면서 어이쿠! 이게 뭐야 경찰들이 차를 세운다. 선두로 달리던 우리 차에 음주 측정기를 들이댄다. 시동생이 후~욱 하고 불었는데 통과다. 4대의 차 중 마지막 차가 통과하지 못하고 길옆으로 내몰린다. 정신이 바짝 난다. 간밤에 먹은 술이 미처 해독이 되지 않은 쌍둥이 시동생 차다. 현행범이다. 남원으로 향하던 차들은 졸지에 풀이 죽어 난데없는 경찰서로 가게 되었다.

  시동생이 조사받는 사이 밖에서 기다리는 일행들… 후드득후드득 굵은 빗방울이 떨어진다. 어지러운 심사를 좋은 쪽으로 모아본다. 경험이다. 더 큰 사고에 비유해 본다. 오늘의 이 사고도 세월이 흐르면 추억으로 남겠지. 여수를 지나 목적지 남원을 향해 간다. 금강산도 식후경이라던가? 남원 추어탕으로 늦은 점심을 대신했다. 낮게 깔린 먹구름과 빗방울, 벚꽃의 낙화를 보며 성춘향과 이몽룡의 광한루의 사랑 이야기를 뒤로 하고 차를 돌렸다.

  가는 곳마다 차가 지나는 도로마다 정말 많은 벚꽃의 행렬을 본 날로 기억된다. 해마다 열리는 연중행사 20년 무사고였는데 씁쓰레하지만 작은 사고라 마무리지어 본다. 앞으로 10년, 20년 어떤 모습으로 늙어가며 변해 있을까?

  시동생들 동서들 내년에도 건강하고 밝은 모습으로 다시 만나기를 마음속으로 빌어본다.

                                                (2014. 4)

청어 가시를 발라주는 남자

남편과 연애 시절, 대구에서 제일 큰 일류 백화점에서 시아버지께서는 검정 바탕에 불타듯이 붉은 동백꽃이 그려진 블라우스와 연갈색 양가죽 숄더백을 선물해 주셨다. 자상함과 배려, 풍류를 아시고 그 당시 구봉서란 희극배우가 했다는 꺼진 볼을 부풀리는 성형도 하셨다고 들었다.

시아버지께서는 찻집에서 커피를 사주시면서 아무것도 없는 우리 집에 시집와서 어떻게 살겠냐고 하셨다 그 말을 듣는 순간 여러 가지 생각으로 머리가 복잡했지만, 더 잘 살아야지 하는 오기 같은 게 생겼는지도 모른다. 첫애를 가졌을 때는 제일 먹고 싶은

게 무엇이냐고 하시면서 대구 중앙 통에 있는 유명한 음식점에서 따로국밥을 사주셔서 정말 맛있게 먹은 기억이 있다. 친정아버지의 사랑은 받았지만 같이 외출해서 외식을 한다는 것은 상상도 할 수 없던 시절이었으니 시아버님의 외며느리 사랑은 최고였고 정말 신식 멋쟁이라는 생각이 들었다.

  고장마다 가정마다 가풍이 있고 제사풍습이 다르다. 제사는 자랑도 참견도 하지 말라고 했다. 시집을 와서 보니 일 년에 세 번의 제사를 모시고 있었다. 남편은 직장을 따라 서울로 올라가고 갓 돌 지난 딸과 시어머니 여자 삼 대가 남게 되었다. 음력 3월 초순 제사가 돌아와서 간단하게 제수 음식을 장만하였다.

  3월의 해는 기울어 서산을 넘어가고 있는데 딴살림을 차린 유일한 제관인 시아버지는 오시지 않았다. 기다리다 지친 시어머니가 새파란 며느리에게 시아버지를 모시고 오라고 했다. 처음 찾아가는 버스 길 넘어가는 석양은 버스 안을 깊이 파고들어 나 자신을 초라하게 만들고 있었다. 어쩌다 이런 집에 시집을 와서 이런 꼴을 당해야 하느냐고 내 가슴에 주먹질을 해대고 있었다. 참담한 심정은 말로 표현하기 어려웠다. 시어머님의 상처를 이해하기보다는 내 안의 분노가 더 컸다. 하루 사이로 날짜 계산을 잘못하셨다는 시아버지를 모시고 와서 제사는 무사히 마쳤다.

　지나간 날을 돌이켜 보면 우여곡절 제사 때마다 얽힌 사연도 많았다. 남편 없이 아들하고 단둘이 제사를 모실 때도 있었고 남편과 둘이서만 지낼 때도 있었다.

　올해의 설날은 여느 때와는 달리 풍성하고 풍요롭다. 시집간 딸과 사위들도 자기들 집에서는 제사가 없다고 어른들한테 세배만 일찍 드리고 우리 집으로 왔다. 딸 둘과 며느리는 한복을 곱게 차려입고 설날 차례상을 같이 차린다. 도령 옷을 갖춰 입은 손자도 생겼다 모든 게 흐뭇하여 남편의 입이 귀에 걸린다. 대구 고향에서는 명절 차례를 큰댁부터 차례차례 집을 돌아다니며 지냈는데 유독 서울에 떨어져 사는 우리만 단독으로 외롭게 제사를 모신다. 오늘 같은 날 거실 가득 식구들이 모여서 지내는 것이 꿈만 같다 긴 읍을 끝으로 남편의 으음 헛기침하는 소리에 차례는 끝이 났다. 지방을 불사르고 남편의 이야기가 조근조근 들린다. 씨가 하나인 대추는 임금을 뜻한다. 홍동백서(紅東白西) 어동육서(魚東肉西)… 하고 설명이 이어진다.

예전 시아버지가 우리에게 전해주던 예와 말씀이 우리가 아들에게 아들이 또 아들에게 이어지겠지 하는 생각을 해본다. 철상을 하라고 했다 차려진 음식을 조금씩 잘라서 영혼이 가시는 길에 노잣돈과 함께 놓아준다. 미신이라고 제일 싫어하던 행위를 몇십 년을 지나면서 이젠 습관처럼 하고 있는 나를 발견한다. 아이들이 어릴 때는 노잣돈을 서로 먼저 챙기려고 했었는데 지금은 서로 놓겠다고 따라나선다. 격세지감을 느끼지 않을 수가 없다 세배를 받고 덕담을 나누고 세뱃돈과 손편지를 건네고 자식들한테는 곱절로 용돈을 받았다.

아홉 명이 둘러앉은 음식상이 차려졌다. 여러 가지 나물을 넣고 제삿밥을 비비는 것은 항상 남편 몫이다. 빈 공기에 비빔밥을 식구 수대로 갈라서 담아주는 남편을 보면 시아버지의 자상함이 떠오른다. 많은 이야기가 오고가고 우리 며느리의 이야기가 이어진다. 결혼 전 우리 내외와 아들 내외가 만나서 식사를 한 적이 가끔 있었다. 일식집에서 보았던 이야기를 한다. 시아버지 자리가 시어머니 될 사람에게 청어 가시를 일일이 발려서 접시에 놓아 주는 것을 보고 결혼을 결심했다는 말을 했다. 저런 아버지의 아들이라면 괜찮지 않을까 생각했다고 한다. 원래 그렇게 해주는 것이 당연한 것이라고 생각한 내가 우습기도 하다. 자상한 것도 대물림이라는 생각을 해본다. 좋은 것은 물려주고 나쁜 것은 물려주지 않았으면 하는 마음이다.

이제 우리가 집안의 어른이 되고 보니 많은 생각이 떠오른다. 시어머니를 아프게 한 시아버지가 그때는 정말 미웠다. 남편 따라 서울로 금방 이사를 와 따로 살게 되면서 시아버지를 미워했던 앙금도 많이 가셨지만 할 수 있는 것은 아버님이 남기신 자식들과 화목하게 지내는 것이다. 그래서 우리의 자식들에게는 좋은 이야기만 들려준다. 너희 할아버지는 머리도 좋고 손재주도 뛰어나고 기억력도 좋고 멋쟁이셨다. 너희들의 예술 감각도 할아버지의 유전자라고… 가끔은 향교에서 지내는 제례에 가신다고 장롱 속 깊숙이 넣어 놓은 검정 두루마기와 유건을 챙기시고 출타를 하실 때는 정말 멋있었다고 말해준다. 사연 많은 당신들은 굴곡진 삶을 사셨지만 이렇게 많은 가족들과 화목한 광경을 보여줄 수만 있다면 얼마나 좋을까? 이제 손자의 재롱을 볼 수 있는 나이가 되고 보니 나의 편견과 이기심이 부끄러워진다.

젊을 때는 몰랐던 게 많다. 기념일 때마다 남편이 잊지 않고 사오는 꽃바구니와 선물조차도 남자가 대범하지 않고 쫀쫀하다고 심술을 부린 적도 많았다. 아버님에 대한 생각이 트라우마가 되어 남아 있었는지 모른다. 세월이 흐르고 나이를 먹고 조금 다른 시각으로 보면 이보다 더 괜찮은 남자도 없다는 생각이 든다. 이 세상에 태어나서 제일 잘한 일은 당신을 만난 것이라고 공공연하게 말하는 팔불출 남자를 이제는 이해한다.

   마트에서 장보기를 좋아하는 남편이 저만치서 가득 골라 담은 카트를 끌고 오며 환하게 웃는다. 출가한 자식들이 집에 오면 먹거리를 냉장고에 가득 채워 넣을 생각에 기분이 좋아지는가 보다. 내가 들어와서 받은 시아버님의 사랑을 대신 우리 남편이 며느리에게 아낌없이 쏟아준다. 자식은 내리사랑이라고 가만히 뇌어본다. 아들이 며느리한테 "○○야 많이 먹어, 애기는 내가 볼게." 부모 눈치는 절대 안 보는 우리 아들의 끔찍한 아내 사랑이다.

(2016. 3)

쪽지

깜깜한 어둠 속을
촛불 하나 들고 걸어온 당신!

날이 갈수록 더욱더 찬란한
빛을 내고 있는 보석들을
촛불 하나 들고 지켜온 당신

얼어붙은 내 몸 감싸 주기 위해
촛불 하나 들고 기다려온 당신

세상에서 가장 아름다운
마음으로 당신의 생일을
축하합니다.
  - 2010년 1월 21일(음 12. 7) 赫

세월을 두고 기다려온 말입니다.
내 진심을 알아주는 당신이 있어 행복합니다.
알아주길 기다리지는 않았지만 당신이 아내를
생각하는 마음이 깊기에 부끄러움을 느낍니다.
난 진정 행복한 女人입니다.
고생을 당연하게 받아들이는 사람이
보상도 받지 못하고 일생을 마치는
사람이 부지기수입니다.
어떻게 표현해야 할지 모를 만큼 행복합니다.
  - 당신의 아내 경아

언제나 머리가 아닌 배려로써 자신을 지키고 우리의 보석들을 지켰고, 나를 지켜준 당신 까마득한 시간을 보내고 돌아왔을 때 행복의 조건은 크거나 많거나 거창한 데 있는 것이 아니라, 작은 일을 갖고도 우리는 얼마든지 행복해질 수 있다는 것을 알려준 당신. 세상 모든 것이 내 것이 된다한들 결코 당신 하나 가진 것만 못한데…. 지금까지도 당신과 함께했지만 남은 인생 당신과 주름살 늘리면서 삶을 엮어 나갈 일을 생각하면 나도 모르게 입가에 미소가 지어진다오.

  여보! 오늘 당신 생일을 진심으로 축하합니다. 사랑해.

  - 2011년 1월 9일 赫

그 남자는 혼자 귀하게 자라서인지
세상이 자기 것인 양
센 척, 이기주의 왕자였대요.
그 여자의 집은 육 남매가
어우렁더우렁 8식구가 살아서
넉넉한 마음이 자리 잡았지요.
왕자와 무수리의 만남이 한 가정을 이루었어요.
볏짚으로 새끼 한 줄 꼬아보지 않은 그 남자가
택배로 온 감을 잘 갈무리해서 정리하고
시래기를 엮어서 매달아 놓았어요.
그 여자는 살아온 세월의 이끼 낀 연륜에

인생을 배워서 그 남자를 칭찬합니다.
"당신이 최고야!"
하회탈 눈이 웃고 입이 헤벌쭉 벌어집니다.
40년 가까이 알고 지내니 신분 상승이 되었습니다.
그 남자는 머슴이 되고 그 여자는 왕비가 되어
집안이 평화롭게 잘 굴러갑니다.
  - 2017년 12월 5일 Face book에 쓴 글

마음아
마음아 경아 마음아
욕심쟁이 마음아
너는 아느냐?
나의 마음을
마음아
마음아
욕심쟁이 마음아
넌 아느냐?
가시나무에도
장미꽃이 핀 이 계절에
  - 1997. 3. 赫

2부

또 하나의 여름

못 말리는 가족

　국내든 해외든 많은 볼거리와 먹거리와 특산품을 가지고 관광객 유치에 열을 올린다. 지인들과 뉴질랜드 북섬에 여행 온 지 3일째다 오늘은 아그로돔 양쇼(Agrodome Show)관람이 있는 날이다.
　배불뚝이 진행자의 지시에 따라 20여 마리의 길들여진(연예인) 양들이 층층대에 제자리를 잡고 앉으면 양몰이개가 온 실내를 컹컹 짖으면서 양들의 머리를 타고 넘기도 하고 묘기를 부린다. 양털 빨리 깎기 쇼, 새끼 양 젖먹이기, 그 다음은 양 한 마리를 경매에 붙인다고 했다. 경매에 붙인 양 값이 1달러, 10달러, 100달러로 올라간다. 몇몇 사람이 손을 들었다 내린다. 우리말로 통역을 하는 이어폰에서는 진행자의 장난이라는 멘트가 들린다. 맨 뒷줄에 앉은 나는 마지막까지 계속 손을 들었다.

 진행자가 주황색 옷을 입은 나를 지목한다. 어떤 상황이 기다린 지도 모르고 많은 관광객들이 지켜보는 가운데 높다란 무대에 올랐다. 양 값을 내라고 했다. 없다는 제스처를 썼더니 선글라스, 모자, 가방을 차례대로 달라고 했다. 몸에 지닌 것은 다 빼앗겼다. 한바탕 방청객을 웃기고 양 모양을 한 작은 인형 하나를 선물로 받고 무대를 내려왔다. 어디서 그런 용기가 났는지 내 자신도 의아했다.

 오클랜드를 떠나 뉴질랜드의 남섬 여왕의 도시 퀸스타운에 왔다. 부풀어 오르던 달이 만월이 되어 아름다운 와카티푸 호수 위에서 반짝인다. 초가을이 시작되는 거리는 하루가 다르게 노랑노랑 익어가고 있다. 가방에 대롱대롱 매달린 양 인형을 만지작댄다. 할머니의 용기가 손자를 즐겁게 해줄 선물이라고 생각하니 절로 웃음이 나온다.

 어느 해 도매시장에서 스쿠터를 나란히 타고 온 큰딸 내외를 만났다. 싫다는 엄마에게 괜찮다면서 딸은 짐과 엄마를 태우고 수많은 차들과 사람 속을 비집고 시청을 지나 대로를 달린다. 내려달라고 아우성을 쳐 보지만 딸은 들은 체도 않는다. 오금이 저리고 다리가 뻣뻣하게 굳어 버렸다. 지옥을 경험하는 게 이런 거라는 생각도 해본다. 평생에 이렇게 후회해본 적이 없었던 것 같다.

한강 다리를 건너면서는 약간 긴장이 풀린다. "엄마 시원하지요? 강바람을 즐겨요. 심호흡을 하세요." 한다. 그제야 정신이 약간 들며 입이 떨어진다. 호야 어떻게 내 배 속에서 너같이 간 큰 딸이 나왔는지 모르겠다고 했더니 딸은 한 수 더 뜬다. 제주도에 가서 라이딩을 하면 끝내준다며 엄마도 배우라고 한다. 빨리 목적지에 내리기만 했으면 하는 마음만 가득했다.

처음 만나는 날, 양복은 고사하고 밀리터리 룩(얼룩이 군복)을 입고 나온 용기 좋은 큰사위는 지금까지도 예복 하나 없는 자유로운 영혼이다. 노래를 부르며 스쿠터 타는 게 좋아서 결혼했다는 큰딸, 어느 해는 여행 중에 파리의 퐁피두센터에서 길거리 공연을 하고 다니는 비위짱 최강의 부부인 그들은 아직도 남의 결혼식 축가를 불러주는 못 말리는 9년차 부부다.

큰딸과 달리 여린 줄만 알았던 둘째가 시간이 없다고 미루어오다가 운전 면허증을 취득하던 날 차를 끌고 와서 엄마를 놀라게 한다. 요샛말로 작업을 어떻게 했는지? 3일 만에 결혼하겠다고 통보하게 한 능력 있는 둘째 사위. 놀라게 하는 것도 여러 가지다.

말수 없던 막내아들은 고등학교 때부터 오토바이를 타고 다니다 접촉사고를 내고는 내가 놀랄까 봐 비밀에 부치고 남편이 수습한 뒤에 전해준 사건. 무엇보다도 작은누나를 추월해서 결혼하겠다고 했을 때 놀랐다. 간 큰 가족들은 엄마인 나를 닮지 않고, 아빠 닮았다고 하면서 웃곤 한다.

한 수 더 뜨는 며느리, "어머니, 저는요 운전 배우면서 자동차 신청해 놓고 새 차 나오는 날 고속도로를 타고 지방을 갔다 왔어요." 한다. 못 말리는 가족 하나 추가요.

뉴질랜드 남섬 43m 높이의 카와라우 다리 위에는 보기만 해도 간 떨리는 번지점프대가 설치되어 있다. 만약에 우리 가족이 여행을 왔다면 분명히 번지 점프할 식구 하나는 나오지 않았을까? 하는 생각을 하며 대롱대롱 밧줄에 매달려 중심을 잡는 사람의 사진을 찍어본다. 아이들에게 상상의 나래를 펼칠 수 있는 J.R.R 톨킨이 지은 판타지 소설 『반지의 제왕』에 나오는 협곡들과 호수, 광활하게 펼쳐진 초목 사이로 하얀 깨를 뿌려 놓은 것 같은 양떼들을 보며 생각한다. 톨킨은 앞마당에 앉아 어린 딸에게 이야기를 지어서 들려주다가 소설을 썼다고 했다.

양 쇼를 하던 날 무대에 섰을 때 중국인 일본인 다양한 나라 사람들이 지켜보고 있을 때 "대한민국"이라도 크게 몇 번 외치고 내려올 걸 하는 후회도 했다. 분명히 나에게도 용기 있는 못 말리는 유전자가 흐르고 있나 보다. 마음은 벌써 소설에 나오는 마법사 간달프가 되어 서울의 손자에게 날아간다. 부성아 기다려 할머니 선물 탔다.

(2015)

또 하나의 여름

　인천 공항을 이륙한 항공기는 태국의 푸켓을 향해 날아가고 있다. 큰딸이 결혼 날을 받아 놓고 엄마랑 같이 처녀 시절 마지막 여행을 가겠다고 했다.

　막상 그때는 가지 못했는데 사위를 보고 나서야 그 꿈을 이루게 되었다. 여행이 미루어진 덕에 마침 틈을 낼 수 있는 둘째 딸이 끼어들었다. 큰애의 부담은 늘어났지만 세 모녀가 함께 떠나게 되어 더 특별하고 즐거운 여행이 되었다. 두 딸 사이에 끼어 앉아 살가운 보살핌을 받는 나를 사람들은 부러운 눈으로 쳐다보았다.

　멋진 수영장이 딸린 숙소며 야자수 그늘이 있는 휴양지에서의 시간은 행복했다. 이글거리는 태양 아래 하얗게 빛나는 모래사장과 넘실대는 남국의 바다는 그냥 서 있기만 해도 좋았다. 딸아이들은 수영을 즐기며 깔깔거린다. 그들을 따라 물장구도 치고, 모래찜질도 하고, 의자에 앉아 그들의 노는 모습을 바라보면서 책도 읽고, 쉬는 사이 시간은 빠르게도 지나갔다. 마냥 느긋한 그 순간 세상 부러울 게 아무것도 없었다.

세밑 추위가 매섭고 사람들이 정신없이 분주하게 지내고 있을 서울을 떠올리니 뚝 떨어져 나와 아열대의 천국에 머무는 것이 꿈만 같다. 갓 볶아낸 깨알처럼 따끔따끔 발바닥에 닿는 모래의 감촉마저 즐겁게 느껴지고 파라솔 아래 파란 눈의 노부부의 정다운 모습도 보기 좋다. 남겨놓고 온 남편과 사위가 문득 생각난다. 까맣게 잊어버리고 세 여자들의 달콤한 시간에 빠져 있던 것이 미안해진다.

어느새 마음은 아득히 먼 지난날의 여름 바닷가를 헤맨다.

남편이 부도를 내고 모든 것이 엉망이었던 1993년, 내 생애 가장 잔인했던 여름을 맞았다. 말로만 듣던 빨간 딱지가 집안의 가구마다 붙었다. 남편은 해운대의 점포를 임대하여 물놀이 용품을 팔아 보겠다고 했다. 마지막 몸부림이었다.

막다른 골목에 몰린 쥐처럼 남편은 눈에 핏발이 섰고 초조함과 오기로 갈팡질팡하고 있었다. 실패하면 다시 일어설 수 없을 것 같은 불안감에 다시 생각해 보라고 말렸지만 그는 고집불통이었다. 한번 더 믿어 보자고 실낱같은 희망을 걸었다. 잘만 되면 큰돈을 만질 수 있겠거니 엉뚱한 기대도 없지 않았다.

급전을 빌려 닷새에 한 번씩 이자와 원금을 갚는다는 조건이었지만 내려간 남편에게선 아무런 기별이 없었다. 가슴이 타들어 가고 피가 마르는 것 같았다. 낡은 선풍기가 덜덜거리며 돌아가는 집안에서 오글오글 모여 있는 세 아이들을 바라보니 막막하고 한심해서 눈물이 났다. 그해 여름 부산 쪽의 날씨는 매일 비 아니면 구름이었다. 우리 편은 아무도 없었다. 한철 장사로 일 년을 먹고 산다는 해수욕장의 장사. 하늘이 도와주지 않으면 희망이 없는 것이다. 먹구름이 내려앉은 하늘처럼 내 마음도 절망으로 깜깜해졌다. 끝까지 말리지 못한 자신을 탓해 봐야, 때는 늦었다. 가슴이 날카로운 무엇이 쑤시는 것처럼 아팠다. 바로 그때 무언가 알지 못할 오기가 나를 일으켜 세웠다.

이대로 가다간 어린 자식들 비행기 한번 못 태워주고 세상이 끝날 것 같은 초조함에 떨면서 상상 밖의 일을 하고 있었다. 비행기 표를 서둘러 예약하고 초등학생인 두 딸과 더 어린 아들을 이끌고 부산행 비행기에 오른 것이다. 아무것도 모르고 좋아하는 아이들의 얼굴을 보더니 새까맣게 그을린 남편은 고개를 숙였다. 초췌한 그의 얼굴이 모든 걸 말해주고 있었다.

아무것도 건질 게 없어 보이는 막막함 속에서 엉뚱하게도 기발한 생각이 떠올랐다. 어차피 달라질 게 없다면 아이들에게 행복한 물놀이의 추억이라도 만들어 주어야겠다는 생각이 들었다. 어른들의 불행이 아이들에게 전염될세라 앞장서 해운대의 모래사장을 내달리며 나는 외쳤다. "애들아, 우리 이제부터 신나게 노는 거다." 하늘이 무너져도 내겐 아직 세상 무엇과도 바꿀 수 없는 세 아가들이 있었으므로 억지로라도 웃어야 했다.

아름다운 해변과 수많은 사람들. 그 속에서 나는 외롭고 무서웠다. 넘실대는 파도가 모든 것을 삼켜 버릴 것 같아 진저리를 쳤다. 남편을 미워하며 내 자신을 원망하며 조금씩 무너져 가고 있었다. 추석 차례 지낼 돈도 없이 빈손으로 돌아온 남편이었지만 그래도 젊었으므로 다시 시작했고 견딜 수 있었다. 가난에 뼈가 시려도 눈 깜짝할 사이에 한 뼘씩 자라나는 아이들이 있어 웃을 수 있었다. 밑바닥까지 내려간 후 조금씩 위로 올라오면서 남편이 있어서 다행이라는 생각이 들었다. 죽고 싶도록 고통스러웠을 그의 마음을 알 것도 같았다. 부부라는 이름으로 같이 살아오면서 그 사람이 또 하나의 나처럼 느껴지기 시작했다.

어깨에 살포시 손이 얹어지는 것 같아 돌아보니 아무도 없고 이국의 밤만 깊어간다. 네온사인이 빛나는 거리에 다정하게 연인들이 스쳐간다. 시끌벅적한 음악과 풍성하게 쌓여 있는 색색의 열대 과일이 있는 시장에서 타투를 하는 사람, 원색의 옷가지를 걸쳐보는 사람들을 구경하다가 주점에 들러 시원한 맥주를 마신다. 짜릿하게 목을 타고 넘어가는 곡주의 맛을 즐기며 한껏 자유롭고 유쾌한 기분에 젖는다. 더 들어갈 자리가 없다는데도 랍스터를 싸게 먹을 수 있는 기회를 놓칠 수 없다며 나를 잡아끄는 딸들의 얼굴 위로 남편의 얼굴이 겹친다.

어느새 서리가 내려앉은 그의 머리칼이며 넉넉한 뱃살까지 그립다. 60이 되도록 여보가 아니라 "경아"라고 불러주는 그 사람이 있고 내 손때가 묻은 부엌이 달린 우리 가족의 둥지가 있는 서울, 그곳으로 당장 돌아가고 싶어진다. 아니 어쩌면 잔인하게 몰아쳐 오던 파도와 맞서 싸우던 젊은 날의 그와 내가 있었던 그 여름으로 돌아가고 싶은지도 모른다.

(월간 『수필문학』 등단작 2013. 1)

뭔들 못 하리

파마머리가 길어서 풀어졌는지 쪽진머리를 한 시어머님이 무릎걸음으로 다가와서 어미를 부른다. 평소와는 약간 다른 모습이다. '에미야 너 나이도 서른이 넘었고 큰딸 호야도 세 돌이 지났다. 돈은 언제라도 벌 수 있지만 자식은 때가 있단다.' 시어머니의 은근한 압력과 회유로 둘째를 가졌다. 속으로는 불만을 가지면서도 한편으로는 그 말을 인정하고 있었는지도 모른다.

큰아이 때 산고가 너무 커서 두려웠던 것이다. 열 달을 채우고 딸로 태어난 둘째는 너무 하얘서 걱정할 정도로 뽀얗고 예뻤다. 그 당시는 아들이 아니라고 또 셋째를 가지라고 밀어붙일 줄은 몰랐지만…

　서울 생활에 아이 둘은 벅차다고 생각했지만 옛 어른들은 자기 먹을 것은 자기가 가지고 태어난다고 말하기도 했다. 조금씩 나아지는 생활이 아이 덕이라는 소리를 했다. 정작 그런 소리를 믿지 않는 사람은 나였지만.

　셋째는 아들을 낳으니 시어머니는 이제 됐다 하시며 모든 짐을 다 내려놓으시는 것 같은 얼굴이셨다.

　아이 셋이 5살, 2살 터울로 태어나서 힘은 들었지만 보람과 많은 기쁨과 웃음을 주는 아이들로 자랐다. 세상에 태어나서 제일 잘한 게 자식 셋 둔 거라는 생각도 했었다.

　엄마보다 더 커버린 아이들이 되었고 때맞추어 결혼도 했다. 둘째가 결혼 후 2년 만에 아이를 가지면서 또 한 번 큰 기쁨을 주었다. 배 속의 아기와 세 식구가 스위스 태교 여행을 떠나서 융프라우의 만년설을 배경으로 찍은 멋진 사진을 보내왔을 때는 가슴이 벅차올랐다. 너희들이 배 속에 있을 때는 언감생심 꿈도 못 꿀 일이었지. 혼잣말로 중얼거려 본다.

　2주의 긴 여행을 끝내고 무사히 돌아온 산모의 배가 떠날 때보다 조금 더 도드라져 보인다. 고맙다! 고마워 아무 탈 없이 돌아와서 품에 안기는 딸아이가 대견해 보인다.

뭔들 못 하리　65

작열하는 태양 8월의 복더위에 산통을 겪는 산모! 분만실에서 머리카락이 땀으로 홍건히 젖어 있을 딸이 떠올랐다. 차라리 '내가 아픈 게 낫지.'라는 생각을 해본다. 열 달을 힘들어하고 오랜 산통 끝에 엄마가 되었다.

만삭 때 전화가 왔다. 엄마! 우리 셋을 어떻게 키웠어요? 배는 불러오고 성질은 날카로울 대로 날카로워졌고 스트레스는 최고의 정점을 찍고 있나 보다. 엄마 나는 성질도 더럽고 아이를 낳아도 잘 키울 자신이 없어요. 좋은 말로 달래고 설득도 했다. 우리 아이가 이런 일로 마음 아플 줄은 몰랐다. 어른이 된다는 것이 참 힘든 거구나. 억장이 무너져 내렸다.

석사 논문을 쓸 때였다. 토론인지 강의시간인지는 모르지만 세상에서 제일 존경하는 사람이 누구냐고? 물었을 때 당당하게 "우리 엄마요!" 했다는 소리를 들었을 때는 부족했지만 세상 헛되게 살지 않았다는 생각에 행복했다. 그런데 그 아이가 전화에 대고 또박또박 말대답을 하고 있는 게 아닌가? 막말도 서슴지 않고 한다. 화해의 손을 내밀었다가 전화 마지막에는 언성이 높아지곤 했다. 그런 모습이 참 낯설었다.

아이를 막 가지기 전 그림 개인전을 했을 때가 떠올랐다. 그레이, 무채색이 주를 이룬 그림이 그 아이의 마음 같아 우울해졌다.

엄마가 딸을 낳고 그 딸이 또 딸을 낳았다.

오늘은 외손녀 가원이 돌날이다. 우리 가족과 사돈네 가족이 모여 큰딸네 카페(로프트)에서 돌잔치를 한다. 전통 있는 맛집에 출장 뷔페를 시켰다. 오늘의 주인공 가원이 아빠가 사회를 본다. 딸을 위해 돌 축하 노래 가사를 쓰고 가원이 이모 내외(우리 큰딸)가 곡을 붙여 축하 송을 부른다. 모두 손뼉을 치고 세상에 하나뿐인 노래를 따라 부른다.

    귀여워, 귀여워 웃을 때 귀여워 귀여운 가원이
    귀여워, 귀여워 가슴이 콩닥 콩닥
    세젤귀(세계에서 제일 귀여운) 내새꾸(내아기)
    엄마 닮아 잘 먹고 아빠 닮아 잘 자요
    잘하는 건 곤지곤지 백화점 젤 좋아해
    아빠 닮아 건강하고 엄마 닮아 똑똑해요
    가원이 생일을 축하합니다. 가원이 생일을 축하합니다.

진심 어린 마음을 담아 가원이의 첫돌을 모두들 축하해 주었다.

엄마 나도 돌상 차려 주었어요? 그럼 너희 셋 다 백일상, 돌상 거하게 차려 주었지…

'엄마! 엄마! 너무 고마워요. 힘들 때 엄마가 없으면 정말 슬플 것 같아요. 그런 상상하기도 싫어요. 우리 가원이가 내게 와 주어서 정말 행복해요.' 딸 가원이를 보는, 웃음을 매단 눈이 정말 행복해 보인다. 도우미 없이도 아이를 잘 키우고 있다. 가원이 배 속에 있을 때 뜨개질을 배워서 가방, 애기모자, 양말, 조끼를 떠서 입히고 이유식을 만들어 먹이는 딸이 엉덩이 붙일 새도 없는 주부가 되어 간다.

얼마나 힘들었으면 부른 배를 안고 뜨개질로 마음을 달랬을까? 완성하지 못한 뜨개질 바구니를 보니 새삼 가슴이 아려온다. 가원이 돌 잔칫날 시가에서 가원이 외증조모님이 참석하셨다. 그 어른을 보는 순간 아이는 때가 있다고 하시던 시어머니의 쪽진머리가 떠오른다. 그 옛날 자식이 기쁨을 주는 이런 행복을 예견하셨나 보다. 지금까지 살아 계셨으면 정말 좋아하셨을 텐데.

제가 낳은 딸이 또 딸을 낳아 돌잔치를 한다. 자식을 위하는 길이라면 '뭔들 못 하리' 가원이가 돌잡이로는 마이크를 잡았다. 성악을 전공하셨다는 친할머니 닮았나 보다.

(2019. 8)

미술 선생님

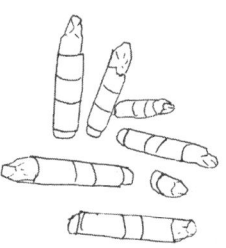

　스페인 마드리드 프라도 미술관에서 궁정 화가이자 기록 화가로서 많은 작품을 남긴 '고야'의 그림 속에 푹 빠져 있었다. 그림 관람을 끝내고 쇼핑하는 시간이 주어졌을 때 우리 식구 중에 유일하게 안경을 낀 둘째 딸이 좋아할 것 같아서, 모래가 쌓인 언덕 아랫목만 내놓고 슬픈 눈을 한 고야의 「개」 그림이 들어 있는 안경집을 구입했다.
　피카소를 알고 구르몽의 시를 알아갈 무렵 시골에 있는 우리 학교로 전근 오신 여자 미술 선생님이 담임을 했었다. 그 당시 우리 집 주위에는 적산가옥으로 지어진 사택들이 많았다. 그중 교장 선생님의 사택에 미술 선생님이 방 한 칸을 얻어 쓰고 계셨다. 하얀 얼굴, 물 한 방울 손에 묻히지 않았을 것 같은 마디 없는 손가락, 통통한 손은 아기 손처럼 정말 예뻤다. 일 도와주는 아이가 자기 집에 다니러 가고 없던 어느 주말 연탄불이 꺼졌다고 우리 엄마에게 도움을 청했다.

 그 뒤로 엄마는 감자도 보내주고 반찬도 갖다 주면서 많이 친해졌다. 선생님은 '너의 반짝이는 눈이 예뻐.' 하시며 따뜻하게 대해주셨는데, 새 학기를 맞으면서 선생님은 퇴직을 하셨다. 여러 선생님과 학생들의 환송을 뒤로하며 결혼을 한다는 소문을 남기고 떠나가셨다. 정을 그리워하던 마음도 잠시였다.

 새로 부임해 오신 남자 선생님은 먼저 선생님을 금방 잊어버릴 수 있게 해주었다. 곱슬거리는 갈색머리, 쌍꺼풀진 눈. 호리호리한 몸매에 남들이 잘 입지 않는 황토색 배기바지, 까만 단추가 목 아래 줄지어 있는 카키색 니트 셔츠, 가끔은 검정 와이셔츠를 입은 모습은 보면 볼수록 매력적이었다. 두 분의 선생님을 만나면서부터 나의 로망은 미술 선생님으로 굳어졌다.

 사생 대회를 하던 날, 학생이 많은 우리집에는 부러진 12색의 크레파스가 있었다. 그것을 들고 참가했고, 48색을 가진 친구가 입선을 했다. 동강난 크레파스만 원망하다가 어느 때부터인가 슬그머니 미술 선생님이 되는 꿈을 접었다.

　고2 때까지 진로도 정하지 않던 둘째가 고3이 되면서 미대를 가겠다고 했다. 내심 놀랐지만 재수(再修)는 없다고 못을 박았다. 첫째가 마침 미대를 졸업하고 직장을 가지고 있어서 가능했다. 고3이 되면 예능계는 학교 수업도 없이 학원만 다녀도 되었다.

　늦게 시작한 미술이었지만 엄마가 해줄 수 있는 것은 아무것도 없었다. 우연인지, 운이 좋은 건지 아파트 바로 이웃에 미술학원 원장님이 살고 계셨다. 동트기 전 6시만 되면 우리 아파트 앞에 차를 대고 불러내어 입시 준비를 시켰다. 참 고마운 선생님이셨다. 어느 날은 학원에 간 둘째가 대낮에 집으로 돌아왔다. 밥 먹는 시간도 안 주고 원장 선생님이 새벽부터 그림 공부를 시키는데 배가 고파 더 이상 견딜 수 없다고, 이제는 그림도 안할 거라며 와버렸다는 거였다. 남을 위해서 하는 것도 아닌데 난감했지만 설득하느라 진땀을 뺐다.

　짧은 입시 준비였지만 그래도 서울 사대문 안에 있는 대학에 합격을 했다. 학원에서는 단시일에 합격을 한 유일한 학생이라는 현수막이 한참 동안 걸려 나부꼈다고 했다.

　대학 3학년이 되더니 교육학을 전공하여 선생님이 되겠다고 했다. 야호! 우리 딸이 내가 제일 선망하는 미술 선생님이 되겠다고

미술 선생님　71

하니 꿈만 같았다.

  3년을 더 공부하여 미술 선생님이 되었다. 어느 날 방학 때 딸은 근무하는 학교에 조카 부성이와 엄마를 구경시켜 주었다. 북촌을 걷고, 진부한 미술계에 영향을 준 계동에 있는 '고희동' 생가도 둘러보았다. 학교에 들어서니 멋진 조경, 학교 축구장에서 내려다보니 담을 사이에 두고 창덕궁이 보인다. 미술 선생님이란 특권으로 단독 사용이 가능한 아이들과 작품을 만드는 넓은 미술실, 새로 들였다는 도자기를 구워 내는 최신형 가마, 교무실의 한 공간에 예쁘게 꾸민 자기만의 자리를 안내하며 자랑스러워 할 때는 정말 흐뭇했었다. 제자를 가르치고 13년 전에 본인이 입시공부를 했듯이 좋은 대학에 아이들을 합격시키고 아주 신나하는 딸을 보며 이게 보람이 아닌가 생각해 보는 시간이었다.

  딸은 엄마가 되고 육아를 하면서 가끔 언니의 일을 도와주고 있다. 노트 표지 그림을 부탁 받아 다섯 점 정도를 그린 적이 있다. 삼각산을 그려 가족을 표시한 그림에는 우리 부부와 삼 남매, 배우자와 그의 아이들은 작은 삼각산으로 그려 표현했다. 그린 그림에는 다른 삼각산은 밝은 노랑의 삼각산이었는데 유독 엄마의 삼각산은 검게 칠해져 있었다. 엄마의 고생을 표현한 것 같았다. 엄마의 고생을 이해하는 딸의 감정이 그림에 들어 있어 울컥했다.

음악회보다 미술 전시회를 좋아하는 걸 보면 나에게도 그림의 피가 흐르고 있지 않나 하는 생각을 가끔 해본다. 여행을 다닐 때 혼자 보기 아까운 그림을 만날 때면 항상 둘째를 떠올린다.

무심코 보아 넘겼던 노을을 배경으로 인간의 고뇌를 그린 뭉크의 「절규」를 보고 가슴이 무너져 내렸고, 선물을 돌릴 때는 클림트 구스타브의 그림이 들어간 머그잔을 사 오기도 했다. 어려운 그림을 이해하는 척하는 내가 우습지만 얼마 전 러시아 여행 때 모스크바 '바실리 성당' 사진이 들어간 안경집을 사면서 딸이 좋아할 걸 생각하니 저절로 신바람이 났다.

내가 마음으로 사모했던 미술 선생님은 우리집에 둘이나 되었다. 둘째 사위도 같은 길을 나란히 걷고 있으니 말이다. 처음 부임에 간 여고의 학생들로부터 멋있는 선생님이라는 소리를 들었다는 사위의 말에 예전에 내가 떠올라 남몰래 웃음을 지었다. 자네 둘은 영원한 아티스트로 이 엄마는 인정한다.

(2019. 10)

별사탕

 밑이 펑퍼짐하고 허리께가 날씬한 투명 유리병 속 알록달록 별사탕이 뽀얀 먼지를 뒤집어쓰고 쓸쓸히 놓여 있다. 군 시절 간식으로 지급된 건빵 속의 별사탕을 차곡차곡 채워 여자 친구에게 예쁜 리본 매달아 보내준 S군의 사랑 알갱이들이다. 만남도 헤어짐도 자기들 몫이지만 왜 이렇게 엄마 마음이 힘이 들까?
 둘의 만남을 썩 달갑게 받아들이지는 않았지만 그렇다고 대놓고 무안을 주지는 않았는데 오늘따라 어버이날 S군의 빈 회식 자리가 내 탓인 양 마음이 무겁다. 부모의 욕심이란 자식들의 배우자가 내 자식보다는 좀 더 낫길 바란다.

둘의 이별을 담담하게 통보하는 둘째 쩡아.

"아빠 엄마 잘됐지요? 바라는 바였잖아요?" 하면서 눈치를 살핀다. 속내를 들킨 것 같아 미안하고 난감하다. 헤어짐을 종용하지는 않았지만 찜찜한 마음은 공범이 되어 무겁게 가라앉는다.

오랜 세월 만남 뒤의 이별이라 생각도 많이 하고 대화도 많이 했겠지만 둘의 상처가 그대로 느껴짐은 더 많은 날들을 살아온 자식을 가진 부모들 마음이겠지? 내 자식보다 먼저 S군의 안부를 물어본다.

자신보다 더 여성스럽고 참한 여자 만나서 잘살았으면 좋겠다고 한다. 그 무슨 억지 춘향이냐고 하고 싶지만 그 말이 진심처럼 들린다. 각자의 행복을 빌어주고 싶은 마지막 배려겠지? 세상이 아무리 인스턴트식 만남이라지만 오랜 시간 예쁘게 가꾸어온 사이라서 마음이 짠해지는 것은 어쩔 수 없다.

못 보던 귀걸이가 보이길래 귀에 걸어 보았다. 그걸 보고 딸은 왜 남의 귀걸이는 하고 있느냐고 짜증을 내며 빨리 풀어 달란다. S군이 힘들게 용돈 모아 사준 선물이라면서 예쁜 주머니에 담아 꽁꽁 동여맨다. 아픔과 슬픔을 차곡차곡 눌러 담는다. 다시는 풀지 않으려는 듯 매고 또 맨다. 얼핏 두 눈에 이슬이 맺힌다.

조건도, 능력도, 꼭 행복의 척도는 아닐진대 헤어짐에 은근 쾌

재를 부른 엄마의 욕심에 미안해진다. 너 고모가 너희 둘은 안 어울린다고 했다며 고모 팔아 은근히 압력을 넣은 비겁한 엄마였다. S군의 어머니가 개업 때 보내준 꽃시계도 숨을 쉬고 있고 계란 섞인 맛사지용 비누도 얼굴을 부드럽게 감싸 주고, 발품 팔아 싸게 사서 설치해준 컴퓨터도 늘 마주하고 있지만 너희들의 이별에 어른들은 더 이상 할 말을 잃었다. 엄마가 느낀 체취가 이럴진대 너희 마음이야 오죽들 하겠나? 젊은이들의 선택이 현명하리라 믿어본다. 더 이상의 생채기는 만들지 말았으면 좋겠다. 결혼을 하고 뜻이 맞지 않아 이혼하는 세상인데 하고 홀가분하게 생각도 해본다.

무엇으로도 해결해 줄 수 없는 엄마의 무력함이다. 매일 보내는 문자 마지막에 찍어주는 빨간색 하트의 개수를 늘려 주는 일 말고는 달리 해줄 게 없다.

지금의 이별이 한 단계 성장하고 젊은 날의 예쁜 추억으로 남았으면 한다. 얼른 툭툭 털고 상처가 덧나지 않게 잘살길 바랄 뿐이다.

오늘은 먼지 묻은 별사탕 유리병을 닦아서 보관할 자리를 찾아 봐야겠다.

(2011 『여울』)

시월드

 컴맹을 탈출한 지 몇 해가 지났다. 누구한테 특별히 배우지 않고 작은 가게를 하면서 딸들의 성화에 자연스레 익히게 되었다. 혼자만의 공간에서 벗이었던 컴퓨터를 몇 년을 쉬지 않고 노동을 시켰더니 갑자기 까만 화면만 남기고 죽어 버렸다. 아무리 이리저리 만져 봐도 요지부동이다.

 아들에게 퇴근길에 시간을 내어 좀 봐달라고 연락을 했다. '알았어. 엄마' 해놓고 이틀이 지나도 연락이 없다. 자존심도 상하고 기분도 영 말이 아니다. 잔소리도 내 품안에 있을 때나 가능하다. 장가가면 엄마랑 같이 살 거야 하던 아이가 빈말은 고사하고 코빼기도 안 비친다. 다 쓴 글을 훅 날려서 안타까울 때도 있었지만 먹통인 화면을 쳐다보니 답답하고 허전하다.

　3일째가 되었다. 기다린 애는 감감무소식이다. 짝을 찾아 둥지를 틀고는 내 편이 아닌 남의 편이 되어 버렸다. 홧김에 본체를 이리저리 두드리고 발길질을 해대니 화면 윈도우에 파란불이 뜨면서 제 기능이 돌아왔다.

　그 아이는 수유도 힘들어할 만큼 병약한 아이로 태어났지만 셋째가 되어 우리의 사랑을 독차지했다. 지인이 일러준 처방대로 싱싱한 잉어 생피와 포도주를 섞어 먹였는데 한숨 자고 난 그 애는 불과 몇 시간 사이에 딴 애가 되었다. 생기가 돌았고 활발한 몸놀림은 식구 모두를 놀라게 했다. 세상 제일의 명약이었다.

　그 이후로는 감기몸살도 한 번 앓지 않고 잘 커 주었다. 키 높이가 맞지 않는 누나들의 두발자전거를 온종일 타다가 까만 콩이 되어 해와 함께 집으로 돌아오는 씩씩한 아이가 되어 있었다. 약했던 아이가 유치원 때는 작은별반 대장이 되어 있었고 "아빠! 하버드? 런던?" 그 무렵 유행하던 사우나탕 이름을 대면서 아빠의 사우나 친구가 되어 있었다. 아빠와 동행하여 추억을 만들고 적당히 아빠의 목에 힘을 실어주는 건강한 아이로 자라났다.

　거뭇거뭇 구레나룻이 생기기 시작했을 때도 묵묵히 자기의 역

할에 충실했고 술내 폴폴 풍기면서 성인티를 내더니 어느덧 베스트 드라이버가 되어 우리 앞에 우뚝 섰다.

어느 날 그 애보다 더 커 보이는 1m 75cm라는 크기의 아가씨를 여자친구라고 데리고 와서 소개를 시켰다. 상견례도 예식장도 일사천리로 진행되었다. 우연인지? 인연인지? 우리와 첫 만난 날로부터 꼭 일 년째 되는 그날에 예식이 잡혔다. 스펀지에 물이 스며들듯 이 둘은 자연스레 하나가 되어 갔다. 준비도 연습도 없이 예비 시부모가 되어 버렸다.

일곱 살 터울의 큰누나는 무릎에 앉아 놀던 때가 엊그제 같은데 장가를 간다니 실감이 안 난다고 어이없어한다. 누나 눈에는 마냥 어린애로 보이나 보다. 아무런 이유도 없이 그 애를 집에 혼자 두고 누나 둘만 데리고 식구 넷이서 기차여행을 떠난 적도 있었다. 모든 게 추억이 되었고 그중에서도 남편은 한창 가정이 어려울 때 사춘기를 넘겼다고 지금까지도 안쓰러워하고 있다.

내 자신과도 같았던 내 품안에 있는 아들을 생각하며 이 생각 저 생각에 젖어 있는데 하얀 이 번득이며 눈웃음 매단 그 애가 들어선다. 엄마 컴퓨터는? 회사 일이 너무 바빠서 빨리 못 왔다고 한다. 너 기다리다 지쳐서 북 패듯이 팼더니 제정신으로 돌아왔다고 하였더니 연결선이 떨어졌다가 자동으로 붙은 것 같다고 했다.

기다리지 말고 AS기사를 부르지 아들에게 목을 맨다고 남편은 핀잔이다. 이제 우리 아들 아니라며 착각하지 말라는 남편이 현명해 보인다. 아들을 보내면서 짝사랑도 미련도 보내야 했을까?

어머니 빼(아들의 애칭)야 혼 좀 내주세요. 벗은 빨래 아무데나 두지 말고 세탁기에 잘 좀 넣으라고 투정하는 사랑스런 며느리가 생겼다. '28년 교육시켜도 안 되니 산 날보다 앞으로 살아갈 날이 더 많은 네가 잘 가르쳐 살아라.' 나쁜 버릇만 물려주는 주책없는 시어머니가 되고 말았다.

36년 전 연지곤지 찍고 시부모님께 폐백 절 올리던 자리에 이제는 아들, 며느리 큰절 곱게 올린다. 두 손 가득 담은 실한 대추와 밤을 그들 앞에 던졌다. 받은 개수만큼 아들딸을 낳는다는 도우미 아줌마의 말에 다산을 하려는지 밤과 대추 12개를 받아냈다. 폐백실 안에 있는 모두의 얼굴에 함빡 웃음꽃이 피었다. 그렇게 한 쌍의 원앙이 짝을 이루었다.

예전 20대 어설픈 새댁이 이젠 어설픈 시어미가 되었다.

현명하고 지혜롭게 잘살 거라. 너희들 몫이다.

이제는 한 발짝 물러서서 너희들의 행복을 빌어주마

아직도 여물지 못한 풋내 나는 시어머니 시월드 입성이요.

(2013. 9)

엄마 향기

 12년 전 새 아파트로 이사 왔을 때는 세찬 비바람이 몰아쳐도 현관문만 닫으면 아무 소리도 들리지 않았는데 세월이 흐르고 나니 방 안에 앉아서도 또르르 똑 양철 지붕을 두드리는 것 같은 빗소리가 낙숫물처럼 들려 옛 향수에 젖게 한다. 살고 있는 집들도 어디인가 망가져 보수를 원하는지 우리네 인생처럼 늙어 간다.
 비와 떠난 여행이었지만 친정의 고옥을 앞에 두고 선뜻 들어서지 못한다. 엄마의 젖줄을 빨아대던 육 남매가 태어나서 자란 곳이다. 금방이라도 우리 딸 하며 방문을 열며 엄마가 뛰어나오실 것 같다.

어느 해 여름 이맘때쯤이었던 것 같다. 아버지는 지그시 눈을 감고 나무 걸상에 앉아 해바라기를 하시고 엄마는 어깨에 사각보를 두른 잔뜩 찌푸린 어린 동생의 머리를 바리캉으로 밀고 있다. 동생의 드러난 민머리가 밤톨처럼 예쁘다.

그 옆 펌프질하던 우물가 토란잎 위에는 은구슬 같은 물방울이 또르르 구르고 채송화가 알록달록 앞다투며 피어난다. 조랑조랑 매단 봉숭아 꽃잎 따서 백반 섞어 손톱에 꽃물 들이던 어린 날이 손에 잡힐 듯 보인다. 처마 밑 따라 오르는 수세미 넝쿨에는 샛노란 꽃을 피우면서 혹부리 영감의 혹처럼 매달린 수세미가 길게 늘어져 있다. 뒤란 아주까리 넓은 이파리 위에 청개구리 뛰어놀 때 저녁 두레상에는 늘 군식구가 끼여 있다. 숯불에 구워 먹는 양념 닭갈비는 최고의 별미였다.

첫 서리가 내릴 때쯤 허연 배를 드러낸 박이 달빛 아래 정겹다. 조그만 인기척에도 집을 잘 지키고 뒤뚱거리며 걷던 살찐 거위도 사라진 집 마당엔 잡초만 무성하다. 남편과 아들을 먼저 보낸 엄마의 한 서린 집이기도 하다.

여덟 식구의 헤진 양말을 다른 천을 덧대어 재봉틀로 꿰매는 엄마는 최고의 예술인이요, 만능 재주꾼이었다. 당신의 운명을 점쳤는지 최장수 통반장 자리를 인수인계하고 정든 집을 떠나시고는 한 줌의 재가 되어 맏손자 품에 안겨 영정 사진과 함께 집 한 바퀴를 돌고 가신 게 마지막이 되었다.

생각 그만하고 가자는 반백의 동생 재촉에 현실로 돌아온다. 결국 정든 집 마당을 발로 밟아 보지도 못하고 돌아서 나온다. 평화로운 그날의 옛 마당 풍경을 누가 찍어 주었는지 기억에 없지만 흑백 사진 속의 가족이 가끔 추억을 불러일으켜 그리움에 젖는다.

보리깜부기 꺾어 장난치던 들길을 걷는다. 어스레한 들녘에 늘 위장병을 앓던 집안 오빠가 안면 있는 촌로들과 함께 연기 같은 어둠에 싸여 바람을 쏘이고 있었다. 살아온 날보다 갈 길이 가까울 것이란 동질감에 자꾸만 슬픔이 밀려온다.

아지랑이 피어오르고 꽃다지 이파리 살 오르면 동네 아낙네들은 화전놀이로 분주해진다. 육 남매를 낳아서 길렀지만 버들가지처럼 야릿한 몸매의 엄마는 한복 곱게 차려입고 앞장서서 장구를 두드린다. 장구를 멘 엄마 따라 동네 여인들이 원을 그리며 그 뒤를 따른다. 두둥~ 여인들의 한풀이가 하늘 높이 울려 퍼진다. 모처럼 마신 막걸리에 발그레한 얼굴을 하고 홍시 냄새를 풍기는 엄마가 어린 눈에 예뻐 보였다. 어릴 적 우리 동네는 밤처럼 생겼다고 해서 밤마실이라 하였다. 세월이 흐르면서 밤의 머리를 먹었는지 꼬리를 잘랐는지 지형이 바뀌었다. 옛날 엄마들의 화전놀이터에는 금색 입힌 빌라들이 들어서 있고, 경운기 세우던 공터에는 '스팀세차 해줍니다.'라는 낯선 팻말이 붙어 있다.

  집 지어 준다는 현수막이 걸린 거리를 빠져나왔다. 낙동강 상류쯤 되는 실개천은 물은 흐르는데 송사리 발 간질이는 옛 물은 아니다. 서울 사는 고명딸이 왔다고 몸에 좋은 다슬기 잡아 파란 물 우러나게 삶아 국 끓여주던 어머니 생각하며 입은 옷 그대로 몸 전체를 물속에 담가본다. 오리처럼 물속에서 땅 짚고 헤엄치는 얕은 물에 다슬기를 잡았다. 한 마리씩 끌어올린 다슬기가 어머니를 생각나게 한다.

  구름이 밀려온다. 물결이 요동친다. 굵은 빗줄기가 두두두 떨어진다. 강물인지 빗물인지 분간이 안 된다. 강둑의 남편이 소리친다. 빨리 나오라고 손짓한다. 어차피 젖은 몸인데 비를 피할 이유가 없다. 당신이나 얼른 피하시오. 지나가는 소나기요. 비를 좋아하는 당신, 비나 흠뻑 맞구려! 예나 지금이나 고향의 비나 서울의 비나 추억과 향수를 불러오지만 젖은 몸은 옛 몸이 아니다. 다리가 뻐근하게 저려온다.

  정지용 시인의 「향수」

  '옛이야기 지즐대고/ 실개천 휘돌아 나가는.'라는 시가 자꾸만 읊어지는 고향의 여름이다.

50일 긴 장마라는 기록을 세운 올해의 여름이라고 한다. 젊은 이들과 어깨를 나란히 하고 빨간 체크 장화, 도트 무늬 노란 우산을 쓰고 빗길을 걸어본다. 두둥~ 어디선가 엄마의 장구 소리가 울려 퍼진다. 장구채 높이든 선 고운 엄마의 팔이 나타났다가 쏟아지는 빗속에 묻혀 버린다.

"엄마…"

오늘따라 어릴 때 맡던 엄마의 코티 분 냄새가 그리워진다.

（2013. 여름）

3부

말순 여사

깨끗한 세상

 시국이 어수선하다. 사회 전체 분위기가 가라앉아 있다. 대통령의 친구였다는 한 여인 때문에 일국의 대통령은 탄핵을 받고 그것도 성에 차지 않아 한편에서는 촛불 집회로 하야를 부르짖고, 또 한쪽에서는 태극기로 물결을 이루며 잘못된 탄핵이라고 탄핵 반대를 부르짖는다. 무엇이 옳은지 그른지 조사를 하고 법의 심판을 받고 잘잘못을 가리고는 있지만 성급한 국민성으로 결론도 없이 혼란만 가중된다.
 어릴 때 한 사건이 떠오른다. 친정아버지께서는 군청 공무원으로 재직하고 계셨다. 어느 날 보건소가 생기면서 군청보다 훨씬 작은 보건소 위생과로 옮기셨다. 그 보건소는 단층 건물로 화단에는 예쁜 꽃들이 피어 있었고 초입부터 옥시풀 냄새가 풀풀 나고 있었다. 초등학교를 다니는 길목에 아버지가 근무하는 직장이 있어 필요한 게 있으면 아버지도 만날 겸 자주 들렀다.

어머니와의 대화를 얼핏 들었는데 좌천이라는 소리도 했다. 아마 큰 군청에서 작은 보건소로 옮긴 것이라서 그런 것 같았다. 그렇지만 그때는 아버지를 마음대로 자주 만날 수 있다는 기쁨이 더 컸다. 아버지는 아들 속에 하나뿐인 딸을 우리 집 고명딸이라고 하며 예뻐하셨다. 생각해 보면 어린 마음에도 아버지는 청렴결백했고 누구한테라도 아부하는 기회주의자는 절대 아니었다. 그런 아버지를 존경했고 사랑했다.

아버지 같은 사람이면 시집가겠다는 소리를 하면 엄마가 웃기도 했다. 퇴근하시고 집에 소독 냄새(옥시풀)를 온몸 가득 담아 오시면 아버지 냄새라고 좋아했었는데 어느 날, 그렇게 좋아했던 아버지가 대구에 있는 경찰서에 잡혀갔다는 청천벽력 같은 소리를 들었다. 엄마와 오빠가 쉬쉬하면서도 하는 이야기는 어린 마음에 충격이었다. 위생과에 있으니 위생단속, 허가, 사망진단서 같은 업무를 위생과에서 하였는데 누군가의 모함으로 조사를 받게 되었고, 그다음 날 풀려 나오신 적이 있었다.

그 조그마한 사건에도 온 식구들의 간을 졸이고 어린 마음에 상처를 받았는데 요즘의 언론은 사람을 죽였다 살렸다 하는 언론 플레이를 하고 있는 것 같다. 사건을 터트리고는 아니면 말고 하는 식으로 하고 있다. 사람 하나 바보 만드는 것은 식은 죽 먹기다. 일파만파 소문에 소문이 꼬리를 물고 여자 대통령을 놓고 마녀사냥을 해댄다. 보통의 사람들은 참을 수도 없을 만큼 난도질을 해댄다.

아직 결론도 내지 않았는데 차기 대선을 준비하고 여론조사를 하고 대통령이 된 것처럼 하는 사람도 있다. 같이 살아가는 국민으로 부끄럽기 그지없다. 무엇이 진실인지 어느 쪽에 서서 판단을 해야 하는지 도무지 알 길이 없다.

독일의 나치 때 괴벨스는 선동의 대가였다. 결국은 가족들과 동반자살로 생을 마감했지만 일부에서는 작금의 현실을 괴벨스 효과라고 이름 짓고 있다. 누군가가 전교조에서 왜곡된 역사를 배운 젊은 학생들을 선동하고 민심을 교란시키고 있다. 사회 전체가 불안하고 경제가 흔들리고 소규모 가게에도 지장이 있으니 불안하기 그지없다. 진정 나라를 위하고 국민을 위하는 지도자가 나왔으면 하는 소시민의 작은 바람이다.

세월호 7시간의 대통령 행적을 묻고 성형 의혹 등 입에 담기도 창피한 유언비어들이 쏟아져 나왔다. 그게 무엇이 그렇게 중요한지 이해할 수가 없다. 수의를 입은 정비서관이 나와서 업무가 많은 대통령을 쉬게 하려고 스케줄을 잡지 않았다는 말을 했지만, 한번 빨간 물이 든 사람들은 생각 자체를 바꾸지 않는다. 참 한심한 작태다.

야당의 모 의원은 「더러운 잠」이라는 제목을 달고 대통령 얼굴을 나체사진에 패러디하여 그림을 표현의 자유라며 떠들어대고 그 사진을 버젓이 국회에 전시를 했다. SNS에서는 그 의원의 아내와 딸의 얼굴을 나체 사진에 합성해서 올리게 되고 의원의 이웃 주민들은 창피해서 한 아파트에서 살 수 없다면서 의원에게 한 표를 준 손목을 자르고 싶다는 말들을 하고 있으니 제 올무에 자기가 걸린 꼴이 되어버렸다. 표현의 자유라고 잘난 체하다가 그보다 더한 고통을 맛보았으리라 생각을 해본다.

허기야 나와 다르게 생각하는 사람은 우리에게 파란 물이 너무 진하게 들었다고 할지도 모른다. 나라가 두 동강이 난 거 같아 심히 염려스럽다. 어린 시절 아버지의 사건도 모함으로 일어났지만 다행히 쉽게 흑백이 가려지고 무죄가 되었다. 그 당시에도 아버지의 빈자리가 커 보였고 밤새 남몰래 눈물을 흘린 기억이 있다. 진실이 왜곡되는 것은 정말 슬프다. 가슴을 치고 울어 봐도 시원치 않을 것 같다.

  얼마 전부터 대통령은 검은돈을 10원도 받지 않았다는 소리가 솔솔 새어 나온다. 언젠가는 진실이 밝혀져 제발 모함을 이겨 내고 명예롭게 임기를 마치는 대통령이 되길 진정 바란다. 그리고 후손에게 물려줄 우리 대한민국을 역사에 부끄럽지 않은 깨끗한 세상이 오길 기대해 본다.

(2017. 2)

말순 여사

엄마 아빠 손가락 치수를 재서 보내세요, 결혼 준비를 하고 있는 둘째 딸의 전화를 받았다. 시댁 어른들께서 예단을 다 없애고 양쪽 사돈 네 명의 금반지를 사돈된 기념으로 같이 나눠 낀다고 했다. 예비 시어른들이 딸에게 아무것도 하지 말고 작은 금반지 네 개만 하라고 하셨다고 한다. 고맙기도 하고 미안하기도 했다. 먼저 결혼한 두 아이들도 간소하게 결혼식을 했지만 둘째 딸의 결혼은 뜻밖이다.

26년 전 12월 어느 날 말순 여사의 환갑날이다. 서울에서 내려온 하나뿐인 딸과 함께 예전에 타고 다니던 경운기 대신 작은 아들의 차를 타고 순도 99%의 금목걸이를 하러 가는 길이다. 신이 난 말순 여사는 그 시절 유행하던 가수 현철의 「내 마음 별과 같이」란 노래 가사를 적어온 쪽지를 꺼내 연습을 하고 있다.

"산 노을에 두둥실~ 홀로 가는 저 구름아~"

말순 씨는 노란 겨울의 햇살을 안고 차 안에서 잔치 때 부를 노래 연습을 계속하고 있다. 딸이 이제 살 만한가 보다 하고 생각하니 머릿속은 안도와 환희로 벅차오른다. 남편을 먼저 보내고 자식들이 마련한 환갑 잔칫날이다. 덩실덩실 아들 다섯 속에 섞여 태어난 하나뿐인 고명딸이 실망시키지 않고 곱게 잘 커주었다.

그러던 어느 날 남자를 데리고 와서 결혼을 하겠다고 한다. 말순 여사는 딸이 사위될 사람의 조건도 직업도 보지 않은 것 같아 못내 서운하고 못마땅했다. 반반한 사람을 선택해 배우자로 데리고 올 줄 알았다. 대놓고 반대도 할 수 없어 '처녀 총각이면 됐지.' 하고 쿨히게 시집을 보냈다.

대구에서 아이 하나를 낳더니 좋지 않은 소문만 무성하게 남기고 서울로 이사를 갔다. '차라리 눈앞에 안 보이는 게 낫지.' 하며 마음을 다진다. 서울 간 딸이 7년 만에 아이가 셋이 되고, 작은 아파트도 샀다고 한다. 북쪽 하늘을 보며 가슴 졸이던 말순 씨의 어깨에 힘이 들어간다. 오늘은 누런 금목걸이를 환갑기념으로 목에 척 걸어준다. 목걸이의 값어치보다 몇 배의 힘이 실린다. 바글바글 끓이던 속은 봄눈 녹듯이 사라졌다. 이제 이웃 친구들에게도 자랑거리가 생겼다. 금목걸이는 말순 씨의 자존심이자 분신이 되었다. 누런 금목걸이는 보고 또 보아도 기분이 좋아진다. 멀리 서울의 딸을 보는 것 같다. 딸이 가끔 친정에 가면 말순 씨의 주름진 목에는 금목걸이가 상징처럼 매달려 흔들리고 있었다.

한시름 덜었나 했더니, 어느 날 서울의 딸이 동생에게 돈을 빌리는 같기도 하고 사위의 사업이 부도가 났다고도 하는 소리가 들린다. 무슨 일이 있느냐고? 가까이 있는 자식에게 물어도 엄마가 걱정할까 봐 누나에 대해 아무 대답도 해주지 않는다. 모르면 약이고 알면 병인 줄 알면서도 궁금해 죽을 지경이다. 전화기를 들었다 놨다 하지만 통화를 해볼 수도 없다. 어쩌다 연결이 되어도 딸은 아무 일도 없다는 듯 명랑한 목소리로 전화를 받는다. 분명 무슨 일이 있긴 있는데 알 길이 없다. 아무 탈 없이 잘살 것이지 혼잣말을 하며 긴 밤을 한숨으로 지새운다. 지를 어떻게 키웠는데 속이 시커먼 숯덩이가 되어 가슴을 짓누른다. 딸이 생활 전선에 뛰어들었다는 소리도 들려온다.

오늘은 5일장이 서는 날이다. 분첩에 조금 남은 가루분을 얼굴에 칠하고 장을 보러 나갔다. 시집와서 근 50년을 넘게 살았으니 눈 감고도 찾아갈 수 있는 장터다. 구수한 냄새를 풍기는 국밥집을 지나면서는 서울 사는 딸아이가 떠오른다. 유난히 반짝이는 눈을 가진 아이가 국밥을 사주면 잘 먹었지. 생선 가게 앞에서는 비린내 나는 고등어조림도 좋아했지. 생각하면서 걷는다.

어느 해인가 와사풍이란 병이 찾아왔다. 금침을 맞고 고쳤지만 웃으면 약간 비뚤어진 말순 씨의 입가에 설핏 미소가 스친다. 객지에 사는 아들딸들 양념이라도 사서 부쳐야 겨울을 잘날 것 같은 생각에 마음이 바빠진다. 내가 살아 있는 동안은 고추 몇 근, 마늘 접이라도 사서 보낼 요량으로 맞물 고추를 사러 나왔다. 잘 마른 태양초 마대 앞에 쪼그리고 앉아 흥정을 하고 있었다,

어깻죽지를 짓누르는 통증이 오며 앞쪽 목이 조여 온다. '뭐야?' 하며 일어서려는데 목이 허전하다. 목걸이를 날치기 당했다. 순식간에 벌어진 일이다. 소리를 질러도 말이 되어 나오질 않는다. 저만치 달아나는 남자의 뒷모습만 보일 뿐이다. 딱하게 쳐다보는 눈들과 위로도 귀에 들어오지 않는다. 눈물이 찔끔 난다. 분하고 원통하고 정신을 차릴 수가 없다.

70대로 들어서면서 급격히 노쇠해진 몸은 말을 듣지 않는다. 길 위에 철퍼덕 주저앉았다. 가을의 한기가 옷 속을 파고든다. 이 일을 어찌할꼬 딸이 힘들어 보일 때마다 이거라도 처분해서 줄까

하다가 그나마 마지막 자존심을 지키며 애지중지 아끼던 목걸이가 말순 씨의 몸을 떠났다. 아무리 생각해도 기가 찰 노릇이다. 딸에게는 아직 말 안 했지만, 작은아들한테는 내가 죽거든 서울 누나를 꼭 주라고 유언까지 했건만 한번 떠난 목걸이는 돌아오지 않는다. 으스스 몸이 떨려오며 머리가 빠개질 듯이 아프다. 아무것도 먹고 싶지도 생각하고 싶지도 않았다. 서울의 딸이 아이 셋을 고생하며 키우는 환상만 자꾸 떠오른다. 깊은 잠도 못 이루고 몸은 불덩이가 되어 열흘을 꼬박 앓았다.

이태쯤 시간이 흘러 하나뿐인 딸이 친정엘 왔다. 엄마의 깊어진 목주름이 눈에 들어왔다. 누렇게 매달려 있던 황금 목걸이가 눈에 띄지 않는다. 목걸이 어디 갔냐고 묻지만, 알아들었는지 못 알아들었는지 대답이 없다. 옆에 있는 동생이 쉿 하고 옆구리를 쿡 찌르며 아무 소리도 못하게 했다. 목걸이를 잃고 크게 앓았다고 하면서 엄마 가슴의 상처에 소금을 뿌리는 격이니 모른 체하라고 했다. 동생들은 엄마와 누나가 서로가 알면 걱정될 일은 중간에서 전하지 않았다. 얼마나 속을 끓이며 애통했을까. 생각하니 왈칵 슬픔이 밀려왔다.

오늘 둘째 딸은 결혼 기념으로 해온 금반지를 손가락에 끼워주며 '아빠 엄마 이렇게 예쁘게 키워 주셔서 감사합니다.' 하면서 꼬옥 안긴다. 행복해야 해 우리 딸.

손가락에서 반짝이는 금을 보니 어머니 생각이 간절하다. 내년이 88세 미수인데 살아 계시기만 한다면 환갑 때보다 더 굵은 금목걸이를 걸어 드릴 수 있는데.

애면글면 딸 때문에 속 끓이던 어머니는 내 옆에 계시지 않는다. 공부를 더하겠다는 손녀한테 딸은 대학만 하면 되지 엄마 등골 다 휘겠다고 손녀보다 딸을 더 챙기셨는데….

엄마, 그 손녀가 훌륭하게 자라서 반반한 신랑감을 데리고 왔네요. 며칠 뒤면 시집을 갑니다. 제 엄마 안 닮았나 봅니다.

(2014. 11)

이런 거 받아본 사람

스포츠인들이나 유명한 연예인들의 집을 소개하는 프로그램을 보면 각종 상패나 트로피, 메달이 가득 채워진 장식장을 볼 수 있다. 돈 번 자랑은 못해도 그런 자랑은 정말 기분 좋게 할 수 있을 것 같다.

잘 키운 자식들의 메달은 그 부모님이 대단하게 느껴지기도 하고 쉽게 얻어진 것이 아니라 노력과 땀의 결실이라 생각하니 더 값져 보인다. 올림픽에서 얻은 메달은 우리 모두를 열광케 하고 짜릿한 흥분의 도가니로 들뜨게 한다. 메달의 가치는 돈으로 환산할 수 없는 위용을 가졌다고 생각한다. 칭찬과 격려는 겸손함과 더 훌륭한 사람으로 성장시키는 것 같다.

친정아버지는 7남 2녀로, 9분의 형제분이 계셨다. 방학이 되면 아버지는 가끔 어린 나를 데리고 먼지 폴폴 나는 신작로를 따라 완행버스를 타고 대구의 제일 맏형인 큰아버님 댁에 데리고 가셨다. 처음 본 대도시는 근사하였다. 작은 정원에는 키가 큰 나무와 사철 푸른 나무가 자라고 있었다. 작은 잡초도 애기 다루듯이 귀히 여기는 큰어머님. 시골 가정집에서는 볼 수 없었던 작은 수도꼭지에서 나오는 수돗물, 따르릉 따르릉 걸려오는 전화기가 있고 조용한 육 남매의 언니 오빠들, 모든 게 신기하고 낯설었다.

도청에 근무하시는 큰아버님은 아침이면 빤짝이는 까만 관용 자동차를 타고 출근하셨다. 시간 약속을 철저하게 지키는 어른은 차보다 먼저 나가서 기다리고 계셨다. 큰어머님이 정성스레 싸주신 도시락을 들고, 윤기 나는 까만 머리를 단정하게 빗어 넘기고 기사가 열어주는 차를 타시는 모습은 정말 멋있었다.

지위가 있으셨지만 집에서 싸 온 도시락으로 점심을 해결하셔서 많은 직원들의 귀감이 되었다고 한다. 검소하시고 집안과 사회의 모범을 보이신 큰아버님은 우리 형제들의 결혼식 때는 주례를 도맡아 하셨다. 정년퇴임 때 대통령한테 받은 녹조근정 훈장을 목에 걸고 주례를 보시는 모습은 너무나 훌륭해 보이고 자랑스러웠다. 훈장의 무게는 모든 하객들의 호기심과 인품을 압도하고도 남았다. 딸 둘을 낳고 막내아들을 낳았을 때 경북의 서예 회장님을 하신 필력으로 좋은 글을 손수 쓰셔서 대형 액자에 담아 보내 주신 것은 두고두고 잊지 못한다.

먼저 가신 아버지의 빈자리를 채워 주신 큰 아버님의 따뜻한 사랑은 아버지를 잊기에 충분했었다. 조카사위를 백년손님 대하듯이 아껴주시는 것 하며 우리 아이들 셋을 데리고 명절이나 방학 때 인사드리러 가면 많은 상장과 상패, 메달을 보관한 함을 열어 아이들에게 일일이 자상하고 근엄하게 설명을 해주실 때는 그분의 조카란 게 얼마나 가슴 뿌듯했었는지 모른다.

육 남매를 훌륭하게 잘 길러서 훌륭한 어버이상을 받으시고 모 방송국에서 다큐멘터리로 방영된 적도 있는 보기 드문 어른이셨다. 영면하시고 3년쯤 뒤 어느 지인의 집을 방문한 적이 있었다. 이런저런 이야기 끝에 성 씨와 돌림자 이야기를 하다가 그분이 우리 큰아버지라고 했더니 깜짝 놀라신다. 지인의 아버지가 그분이 보내준 건삼 선물을 가지고 계시다가 보여주셨다. 같은 종씨이고 종가 일을 보시는 분이셨다. 큰아버님이 돌아가셨을 때 대구의 큰아버님의 함자를 기억하며 큰 별이 졌다면서 안타까워하실 때는 더욱더 큰아버님 생각이 났다. 메달만큼이나 큰 사랑법은 늘 존경으로 이어졌다.

 내 자식 거두기도 바쁘다고 허둥대는 나는 얼마쯤 조카 사랑을 할 수 있을지 부끄러울 따름이다. 그분은 가셨지만 값진 메달은 늘 가슴속에 남아 빛을 발한다. 메달이나 상패, 트로피는 열심히 훌륭하게 살았다는 징표다. 그래서 귀히 여겨 진열하며 자랑거리가 된다.

 역 주변에서 작은 선물 가게를 하다 보니 참새 방앗간처럼 여러 사람들이 많은 정보와 이야깃거리를 물고 온다. 명랑소녀라 별명을 붙인 동갑내기가 있다. 10살 많은 남편과 40년 넘게 결혼생활을 했고 손자가 다섯인 지금도 남편과 카톡을 주고받으며 사랑을 나눈다. 늘 유쾌하고 명랑하여 걱정이 없어 보인다. 주위의 사람도 기분 좋게 하는 명랑 할머니다.

 어느 날 남편들의 흉도 보고 자랑도 하다가 기념일이나 생일 때 받은 선물 이야기를 했다 .우리 남편은 쪽지 편지를 자주 써서 준 게 여러 장 된다고 했더니 '잠깐만' 하더니 스마트폰을 연다, '이런 거 받아본 사람 있으면 나와 보라.'고 한다, 폰 속의 사진첩을 열어 보여주는 것은 투명 크리스털로 만든 사랑패였다.

 철없는 막내로 자랐고 일찍 시집와서 남편이 훈육 주임처럼 아내를 교육시켜도 '예예' 하면서 군소리 없이 아이들 잘 키우고 열심히 살며 가정을 굳건히 지켰다고 한다. 그런 의미로 남편이 아내에게 50세 생일날 사랑패를 선물로 주었다고 한다. 얼마나 기발한 아이디어인가.

몇 년 전 세상을 버릴 만큼 가정에 힘든 일이 있었다고 한다. 그럴 때마다 사랑 패를 보며 마음을 다잡았다고 한다. 가정을 지탱해준 사랑패는 여느 사람의 금메달보다 훌륭해 보인다. 더 이상의 금슬을 논할 필요가 없는 최고의 사랑패였다.

요즘 젊은이들은 사랑 고백 또는 프로포즈를 할 때 풍선을 달고 꽃장식을 하고 깜짝 이벤트를 하는 것을 볼 수 있다. 흔하기도 하고 보여주기식 이벤트가 식상하기도 하다. 상은 매일 받는 밥상, 후손에 길이 남을 패도, 사랑패도 받아보지 못한 난 실패한 인생인가? 했더니 명랑 소녀는 깔깔 웃으면서 수백 번 보았을 사랑패를 소리 높여 읽는다. 사랑패 받아본 사람 나와 봐. 난 남편한테 우등상 받은 사람이야.

세상에는 정말 다양한 패도 많다는 생각을 해본다. 나도 잘 살았다는 패 한번 받고 싶다.

(2014. 4)

밤 세 톨 호두 세 알

KTX는 번개처럼 빠른 철마다.

어른들이 고향에 살아계실 때는 아이 셋과 기를 쓰며 먼 길을 마다않고 차를 가지고 열심히 다녔었다. 서울서 대구까지 기디 시다 정체를 반복하며 죄장 시간 18시간의 기록을 세운 적도 있다.

요즘 들어 남편은 장거리 운전에 꾀가 나는지 만만치 않는 요금을 지불하면서도 KTX를 즐겨 이용한다. 눈을 감았다 뜨면 금방 목적지 대구에 도착한다. 생활의 편리함과 문화의 홍수 속에 살고 있지만 낭만을 잃어 가는 것 같아 괜히 마음은 무겁고 버겁다.

경조사 때 부조금보다 더 많은 돈을 둘의 차비로 길바닥에 뿌릴 때도 많다.

"누나! 어데고?"

시댁 쪽 결혼식에 참석하는 누나 내외를 자기 집에 자고 가라고 남동생은 성화다. 같은 동 같은 평수를 가진 아파트를 이웃하고 두 동생이 살고 있다.

하얀 서리를 머리에 인 두 동생이 누나가 즐겨 먹는 생굴과 회를 준비하고 기다리고 있다. 서로 자식들 키우며 사는데 바빠서 만남이 뜸했었는데 요즘 들어서는 드문드문 만남의 자리를 갖는 편이다.

내 늙음은 서럽지 않는데 동생들의 반백 머리가 이렇게 울컥 가슴이 무너짐은 같은 엄마 배 속에서 태어난 남다른 끈끈한 정이리라.

남매들이 자리하면 빠지지 않는 단골 메뉴는 시골 고향과 어머니 이야기다. 술은 안주를 부르고 안주는 술을 부른다. 야무진 솜씨의 올케는 안주 갖다 대기 바쁘다.

세밑에 만든 네댓 가지 종류의 강정을 내놓는다. 엄마를 생각하며 동생 내외가 만들었다는 고소하고 달착지근한 강정은 엄마 맛이요 고향 맛이다.

고향의 설은 뻥튀기로 시작된다. 5일장이 서는 날이면 시장 귀퉁이나 동네 공터에 쇠 그물이 달린 뻥튀기 기계가 하얀 쌀, 검정 콩, 옥수수알을 부풀려서 뻥 소리와 함께 토해낸다. 호기심에 둘러선 동네 아이들 …

코 때묻은 반지르르한 소매 깃이 겨울바람에 애처롭다. 미처 귀를 막지 못한 아이들은 펑! 소리와 함께 깜짝 놀라 아악 소리를 지르기도 한다.

갱엿을 눅눅하게 녹여 살살 끓어오르기 시작하면 쌀 튀밥이나 여러 가지 튀기고 볶은 잡곡들을 물엿 속에 넣어 젓다가 알루미늄으로 된 널찍한 쟁반에 붓는다. 딱딱하게 굳기 전에 밀대로 편편하게 밀어 사각형 또는 마름모로 썰어 한 자루 가득 담아 설 준비를 한다. 밥알이 동동 뜨는 식혜도 만들고 가래떡도 뽑아 명절 음식을 미리 준비한다. 눈처럼 하얀 가래떡을 적당히 굳혀서 썰어내는 엄마 솜씨는 한석봉 엄마 솜씨를 닮았는지 고르고 잽쌌다. 육남매의 먹성도 보통이 아니다. 낡은 스웨터 앞섶에 달린 고드름이 엄마의 부지런함과 분주함을 말해준다.

"누나! 이 밤이 지나면 정월 대보름이야!"

추억은 꼬리를 물고 서로 자기 이야기하기 바쁘다. 같은 지붕 아래 자랐지만 가지고 있는 추억도 다 다르다. 억센 경상도 사투리가 뒤섞여 새벽을 향해 달린다.

쥐띠 동생은 어린 시절은 남에게 절대 지지 않았고 샘도 많았다. 명절날 모여 화투 놀이를 할 때 상대편 앞에 동전이 많이 쌓이면 슬그머니 밖에 나갔다 들어온다. 상대의 신발을 엎어 놓는다고 했다. 엎어진 신발의 주인은 운이 다하여 돈을 잃는다는 쥐띠 동생의 어디서 얻어들은 미신이었다.

태어난 해의 띠에 따라서 앞날을 점칠 때도 있었다. 쥐띠들은 부지런하고 잘산다는 말도 있다. 그 말처럼 자수성가한 쥐띠 동생은 쥐들의 바지런함을 닮아 곳간에 곡식 쌓듯이 은은한 회색빛이 도는 대리석으로 된 식탁과 싱크대…. 화장실 2개 딸린 아파트를 장만하고 남매를 낳아 별걱정 없이 알콩달콩 잘살고 있는 대견한 동생이 되어 있다.

보름날 이른 아침, 어머니는 우리들에게 졸린 눈을 채 뜨기도 전에 껍질 있는 밤이나 땅콩을 입에 물려 주셨다, 보름날 부럼을 먹어야 일 년 내내 부스럼(종기)이 나지 않는다고 어머니는 말씀하셨다.

"형님! 아침 식사하고 천천히 가세요." 말하며 올케는 정월 대보름 이른 아침 봉사활동을 한다고 먼저 나갔다. 깔깔한 입속이 갈증을 부른다. 안주인이 나가고 차려 놓은 식탁 위에는 조기구이, 오색나물, 구이 김, 두부부침, 찹쌀잡곡밥, 하얗게 끓인 생태

탕…. 예전 어머니가 해주시던 그 음식 그대로 보름밥이 기다리고 있었다. 평소 속에 뭐가 들어 있는지 입 무거운 올케가 고맙기 그지없다.

  팍팍한 도시 생활 넘쳐나는 물자들 속에 잊혀져 가고 퇴색되어 가는 옛 고유의 명절이 그립고 아쉬워진다. 식탁에 같이 올려진 꽃무늬가 예쁜 접시에 담긴 밤 세 톨 호두 세 알에 올케의 잔잔한 정과 배려가 느껴지며 정겹다. 부럼인가 보다. 식탁에 둘러앉은 세 사람이 밤 한 알씩 입에 물고 우두둑… 소리 내어 깨문다.

  보름과 고향.

  어머니의 향수를 입안 가득 느껴본다.

(2012. 『여울 13』)

낯선 제부

　친정 큰집 사촌 언니의 전화를 받았다. 두 번째 큰집 사촌 여동생의 남편이 세상을 떠났다고 알려왔다. 아버지는 7남 2녀 9남매였다. 우리 집안은 사촌지간에 오빠와 남동생은 많아도 여형제는 정말 귀해 우리가 자랄 때 설날이 되면, 딸들만 세뱃돈을 받는 진풍경이 벌어지기도 했다. 끝 자가 '환'이란 돌림자를 딸들도 쓰고 있다.
　둘째 큰집은 큰아버지가 약국을 경영하시고 아들딸 남매만 있어서 육 남매인 우리가 볼 때는 모든 게 풍족하고 부러운 대상이었다. 아버지가 가끔 약국 형님 집에 다녀오시면 영양제(원기소, 나중에는 에비오제)를 자주 얻어 오셔서 콩알을 집어 먹듯이 많이 먹은 생각이 난다.

큰집 오빠는 의대를 가서 의사가 되고 여동생은 약사가 되었다. 집안도 넓고 자주 만나지 못하니 이웃사촌보다 더 못한 관계가 되어 있었다. 여동생이 결혼할 때는 제부가 한눈에 반해서 보쌈하다시피 했다는 소식을 얼핏 들었고 대구에서 크게 섬유공장을 하다가 부도를 내고 서울에서 산다는 소식을 들은 적이 있었다. 집안 모임에도 얼굴 한번 비친 적도 없고 연락도 되지 않았다. 장례식장을 가는 내내 슬픔보다는 동생이 어떻게 변해 있을까 하는 궁금증이 일었다.

예전 동생의 모습이 떠오른다. 예쁘게 두 갈래로 땋아 내린 긴 머리, 모직 체크 치마에 조끼와 흰 블라우스를 입고 핑크색 스타킹과 반짝이는 검정 에나멜 단화를 신은 여자애가 떠오른다. 학처럼 긴 다리에 얼굴은 까무잡잡했지만 예뻤던 걸로 기억된다. 몇 년 전 인사동에서 여자 사촌 네 명이서 만나자는 약속을 한 적이 있었다. 기대를 하고 갔는데 끝내 그 동생의 모습은 보이지 않았다. 집을 나서면 길눈도 어둡고 집과 직장밖에 아는 게 없다는 소식만 전해 들었다.

강남 세브란스 병원 장례식장 전광판에는 고인의 얼굴이 뜨고 상주의 이름이 뜬다. 고인에 대해서 아는 것은 김 서방이란 것만 알고 있을 뿐이다. 아무리 기억의 샘을 파도 떠오르는 게 없다. 나의 무심이 참 부끄러워졌다. 전광판에 새겨진 글씨는 빠르게 사라졌다가 다시 뜨곤 한다. 호실을 확인하고 심호흡을 한번 한 뒤 동생을 만나러 갔다. 저 멀리서 언니(나)를 보고 나오는 동생은 예전의 큰어머니와 어쩜 그렇게 똑같은지 깜짝 놀랐다. 소녀 적에 보았던 롱 다리는 먼 기억일 뿐이고 내 앞에선 동생은 검정 상복에 감춰진 작은 할머니였다.

올해 환갑인 동생과 몇십 년 만의 해후였다. 남편을 보내고 나서야 만난 자리에 우리 부부는 언니와 형부의 위치가 되어 있었고 살아생전 한 번도 만나 보지 못했던 제부에게는 영정 사진을 마주하고서야 처형과 형님이 되어 제부의 생전의 이야기를 전해 듣는다. 짧은 시간에 많은 것을 다 들을 수는 없지만, 술과 스트레스로 위험 신호가 왔는지 평생 병원 한 번 안 가던 사람이 자기 발로 들어간 병원에서 두 달 만에 1남 2녀를 남겨두고 홀연히 떠나 버렸다고 한다. 한 달만 더 있으면 변호사가 된 아들의 결혼식이라는데…. 아쉽고 허망하다. 큰딸은 결혼을 해서 아기도 하나 있다. 두문불출하고 살면서 얼마나 외롭고 힘들었을까. 동생의 고립을 보면서 또 한번 눈시울이 뜨거워진다.

두 딸은 갑자기 나타난 이모를 보고 환해진 얼굴이 여실하다

막내딸이 말한다. "이모 우리 엄마 세상 밖으로 좀 꺼내 주세요." 자주 만나고 소통을 하라고 한다. 조카에게 말했다. 네 엄마는 금수저를 물고 태어난 공주였다고 했더니 얼핏 들은 소리는 있다고 했다. 여자 팔자는 뒤웅박 팔자라고 했던가. 음지가 양지 되고 양지가 음지 된다는 소리가 있다. 누군들 결혼생활이 평탄하기만 하련만 참으로 알 수 없는 게 인생이다.

미망인이 된 초로의 여인의 작은 어깨를 토닥여주며 아들의 결혼식에는 꼭 부르라는 말을 남기고 인생 참 별거 아니라는 말을 되뇌며 무거운 발걸음을 옮겼다.

(2017. 10)

호박씨

 여행을 계획하고 날짜가 잡히면 머리로만 생각하던 것들을 행동으로 옮겨야 하기에 이삼일 전쯤 되면 몸과 마음이 바빠진다. 계절에 맞춰 옷을 챙기고 남아 있는 식구들의 밑반찬 만들기, 화분에 물 주기, 참 많은 일거리들이 산재해 있다. 이번 여행은 마침 떠나는 날이 나무를 심는 4월 5일 식목일이다.
 지난가을에 사다 놓은 누런 호박을 어느 겨울날 손자 부성이와 "톱질하세, 톱질하세."가 아니고 "칼질하세, 칼질하세." 하면서 잡았다. 몇 개월 방치했다가 쪼개려니 어찌나 딱딱하고 수분도 없이 말랐는지 식칼도 잘 들어가지 않고 힘이 들었다. 톱이 있으면 박처럼 타고 싶을 정도였다. 억지로 자르고 나니 호박은 한 군데 상한 곳도 없고 속에 있는 호박씨도 잘 영글어 탱글탱글했다. 그때 작정을 했다. 봄이 오면 화분에라도 한번 심어서 싹을 틔우고 싶은 욕심이 생겼다.

여행 가기 전날 빈 화분 두 개를 준비하고 꽁꽁 싸매어 놓은 호박씨를 꺼냈다. 한 화분은 키가 큰 선인장을 키우다가 말라서 버린 비어 있는 한 화분은 작은 식물을 키운 적이 있다. 돌덩이처럼 굳어진 화분을 뒤엎고 잘게 부순 흙을 다시 담고 호박씨 여남은 개 이상씩을 화분에 담아 흙을 꼭꼭 눌러서 덮고 물을 듬뿍 주고 떠났다.

한 열흘 만에 여행에서 돌아와서 호박씨 심은 화분을 보니 계란이 알을 까고 나오듯이 씨 껍데기를 뒤집어쓴 호박 싹이 뾰족이 머리를 내밀고 있었다. 반갑고 신기했다. 하지만 두 화분의 싹틔우기부터 자라나는 게 현저하게 차이가 났다. 화분 크기도 같고 물도 같이 주었는데 선인장을 심었던 화분은 양분이 다 고갈되었는지 잘 자라지 않는 게 여실히 눈에 보였다.

다른 화분의 호박은 하루가 다르게 잎을 피우고 어른 손바닥보다 더 큰 잎이 되더니 어느 날 호박꽃이 봉오리를 맺더니 황금색 꽃이 활짝 피어나서 아침 기분을 상쾌하게 한다. 두툼한 호박꽃이 피어나고 고사리 같은 덩굴손이 나오니 남편은 걱정이다. 벌들이 날아들면 어떡하냐고 하는 남편의 그 생각은 기우에 그쳤다. 받침대를 세워 줄기가 뻗는 것을 도와주었지만 그게 한계였다. 짙은 녹색 잎에 얼룩점이 생기기 시작하면서 더 이상 자람을 멈추는 것 같았다. 애초에 기대한 것은 아니었지만, 열매도 맺지 못하고 호박의 생명은 끝이 났다. 왼쪽의 화분은 꽃 한 번 피워 보지 못하고 명을 다한 터였다.

어린 시절 친정집 토담을 따라 호박이 줄기를 뻗으면 호박꽃이 채 지기도 전에 애호박이 열리고 토담을 덮은 기왓장 위에는 아름드리 누런 호박이 똬리를 틀고 올라앉은 모습이 떠오른다. 여우비가 살살 뿌리는 어느 날 작은 가시가 있는 손바닥 몇 배나 됨직한 호박잎을 뚝 잘라서 머리에 쓰고 다니며 동생들과 놀았던 기억도 나고 금방 따온 동부(두불 콩)란 풋콩을 넣고 호박죽(범벅)을 맛있게 끓여 주시던 엄마 생각도 난다.

주인을 잘못 만나 호박 구실도 못하고 가버린 우리집 베란다 호박이 못내 짠하게 가슴에 남는다. 호박의 꽃말은 해독, 관대함, 포옹, 사랑의 용기란 멋진 꽃말을 가지고 있다. 식물은 물과 햇볕 질 좋은 토양 바람과 마음대로 뻗어 나갈 수 있는 자유도 필요해 보였다. 씨앗만 튼실하다고 잘 크는 게 절대 아니다. 이 모든 것이 갖추어져야 제구실을 하는 것을 배웠다.

이 작은 식물 하나도 이러한데 사람이 태어나고 자라면서 먹는 음식물의 영양소와 사랑과 좋은 환경 정성이 있어야 훌륭한 사람으로 성장할 수 있다. 한날한시에 태어난 쌍둥이도 어디서 어떻게 크느냐에 따라서 완전히 다른 모습으로 변화한다고 한다.

어느 프로에서 탈북민이 탈북하기 전의 열악한 생활을 눈물을 흘리면서 이야기하는 걸 들은 적이 있다. 선진국과 후진국 민주주의와 사회주의 어느 나라에 태어나느냐에 따라서도 모든 게 달라질 수 있다. 자유의 대한민국 길이길이 잘 지켜서 아름다운 금수강산을 후손들에게 잘 물려주는 것이 사명처럼 느껴지는 요즘이다. 노파심일까? 훌륭한 부모 밑에서 교육을 받고 좋은 스승도 만나고 한 사람의 사회인으로 우뚝 설 수 있다는 것은 우리 어른들의 책임이 아닐까 하는 생각을 해본다.

예전 시어머니가 살아 계실 때는 자라나는 아이들에게 호박씨를 먹이면 머리가 좋아진다는 소리를 어디서 들으시고 호박씨를 열심히 까서 우리 아이들에게 먹인 기억이 떠오른다. 그 당시는 어떻게 저런 정성이 생길까 의아해한 적도 있었다. 사랑을 받은 아이들이 사랑을 할 줄도 안다.

뿌린 만큼 거두고, 콩 심은 데 콩 나고 팥 심은 데 팥 난다는 말이 더 실감나는 요즘이다. 호박씨에는 오메가3와 면역을 돕는 아연이 포함되어 있고 9가지 건강상 효능이 있다고 알려져 있다. 예전의 시어머니를 그리며 우리 손자에게 먹일 남아 있는 호박씨나 까야겠다.

(2017. 9)

황당

 세상을 살다 보면 예기치 않고 황당한 사건을 늘 만나게 마련이다. 남의 일이야… 나 하고는 상관없는 일이야 늘 방관하고 관심을 두지 않고 살고 있지만 내게도, 내 주위에도 많은 일들이 도사리고 있다는 것을….
 몇 년 전 일이다. 가는 날이 장날이라고 벼르고 별러서 찾아 나선 미용실이 휴무였다. 딱히 단골집이 있는 것도 아니고 가깝고 편한 집이면 이용하는 스타일이라서 파마나 커트가 혹시 마음에 들지 않아도 길면 다른 모양으로 바꾸면 되지, 하고 편하게 생각한다. 어쩌면 여자로서 매력이 없거나 우유부단한 성격이라 할 수도 있겠지만 모처럼 얻은 시간이라 포기할 수 없어 문 열린 어느 한 미용실로 들어섰다.

2층 넓은 공간이 깨끗하고 마음에 들어서 기분 좋게 파마를 맡겼다. 펼쳐 놓은 우산대 같은 것에 머리를 당겨서 감고 전기로 열을 가한다. 몰골은 우습지만 예뻐지는 준비과정이라 참고 기다리는데 '앗! 이게 웬일이야?' 머리에서 연기가 풀썩풀썩 피어오르는 게 아닌가? 타임을 맞추어 놓았고 또 전문가들이니까 하고 믿어보다가 다급해져서 "여기요." 하고 미용사를 찾았다.

"사모님 괜찮습니다. 시간이 덜 됐네요. 원래 이렇게 김이 나요." 하고 기계만 한 번 조작하고 또 사라진다.

이게, 아닌데 하며 또 한 번 믿어보고 기다리는데… 정말 큰일이 났다. 더 많은 연기가 나고 머리카락 타는 냄새가 진동을 한다. 느긋하던 내가 급해졌다. 내가 어떻게 해볼 수 있는 상황이 아니다.

다급해진 나는 "여기요!" 소리쳐 미용사를 불렀다.

달려 나온 미용사가 전기 작동을 멈추고 롤을 살살 푸는데 이게 웬일이야? 머리카락이 타다 남은 마른 솔잎처럼 뭉텅뭉텅 바닥에 떨어져 내리는 게 아닌가.

앗! 그 순간 많은 생각을 해본다.

이 꼴로 어떻게 사람을 대하나? 적당하게 단발 파마를 하고 멋진 모자를 쓰려던 생각이 수포로 돌아가는 순간이다.

당황한 미용사들은 가까운데 있는 베테랑 남자미용실 원장을 불러들이고 다시 머리를 다듬고 파마를 하고 난리법석이다.

순간의 실수로… 돌이킬 수 없는 숏커트의 낯선 중년 여인이 거울을 마주하고 앉아 있다. 죄인이 되어 용서를 비는 미용사들…. 석고대죄가 따로 없다. 용상에 앉은 난들 무슨 할 말이 있겠나, 서로가 할 말을 잊었고 영화나 드라마에 나오는 영화배우들의 삭발 장면이 떠오른다. 그들은 좋은 작품들을 만들기 위한 준비된 삭발이다. 난 계획도 준비도 하지 않고 머리카락을 도난당했다.

모든 일은 일순간에 일어난다. 삶과 죽음도, 재난도, 재해도 종이 한 장 차이다. 내 마음이 이럴진대 그 미용사는 어떨까? 이 난감한 분위기는 천근만근의 무게로 가라앉는다.

"사모님 머리가 다 자랄 때까지 영양도 주고 관리를 해드리겠습니다."

"어쩌겠소. 실수는 있는 법 시간이 가면 머리도 길겠지요."

급하게 건네주는 머리 영양제 하나 얻어 미용실을 나서는데 나도 몰래 눈물이 핑 돌며 씁쓰레한 마음 이를 데가 없다. 잘라진 머리 갖다 붙일 수도 없고 형용할 수 없는 기분이 되어 친구 같은 큰딸내미한테 전화를 했다. 호야한테 이래저래 미용실에서 일어난 이야기를 했더니 해결사로 나선 우리 호야!

"누가 우리 엄마 눈에 눈물 나게 해."

퇴근한 우리 호야 미용실에 들러 합의 보고 각서 받고 보상받고 시원하게 해결했다. 머리 팔아 지인들한테 밥 산 다음 날 미용실 원장한테 문자가 왔다.

'사모님 감사합니다. 욕도 하시지 않고 그런 상황에 할퀴지도 않고 정말 감사하고 죄송합니다. 따님하고 따로 약속한 것 잘 지키겠습니다.'

요즘도 가끔 그 사건을 이야기할 때가 있다. 우리가 그 미용실에 무리한 피해를 주지 않았나? 가슴 아프게 하지 않았나? 가끔 걱정을 하는 나에게 "엄마는 걱정 안 해도 돼요. 그 사건은 잘 마무리되었어요. 그 사람들 엄마 머리 다 자랄 때까지 신경 쓰는 것도 끝이 없고 그 미용실이 아마 체인으로 운영되고 있어서 보상을 받았을 거야." 용감한 우리 호야 덕에 오늘 하루도 편한 마음이 되어본다.

"엄마 혹시 내 머리였으면 그런 용기가 안 생겼을지도 몰라 엄마 일이었으니까…. 엄마를 아끼고 사랑해서, 중이 제 머리 못 깎지."

아들의 군 복무 시절 작은 실수로 보상해줄 일이 생겼다. 갑자기 떠오르는 생각! 타버린 머리는 원하는 길이만큼 자랐고 엉뚱한 곳에 일이 터져 받은 만큼 돌려준 일이 있었다. 세상에 공짜는 없다. 불로소득은 있을 수 없다. 노력한 만큼 얻어지는 것이 세상살이가 아닐까 하는 생각을 해본다.

(2011. 『여울』)

4부

오! 상해

오! 상해

상해 여행을 떠나기 전 여행팀은 단톡방을 만들었다. 여행의 목적은 대한민국 임시정부와 매헌 윤봉길 의사를 만나는 역사 탐방이었다. 톡방의 누군가는 여행은 만날 때가 제일 즐겁다는 글을 남겼다. 설레임을 안고 인천공항에서 만난 팀은 '임시정부와 매헌을 찾아 상해로'라는 플래카드를 가슴에 품고 2시간 거리의 상해로 날아갔다. 기내식을 먹은 우리는 곧바로 대한민국 임시정부를 방문하는 일정에 들어갔다.

입구에는 표정 없는 두 여자가 검표를 하고 있었다. 말로만 듣던 '상해 임시정부'…. 김구 선생님, 안중근 의사를 떠올릴 때면 꽁꽁 얼어붙은 만주 벌판이 떠오르고 콧수염에는 고드름을 매달고 두꺼운 코트를 입은 어른들을 상상하곤 했다. 날씨는 청명하고 약간 더운기도 느껴지는 날이어서인지 상상은 빗나갔지만 자그마한 3층 목조건물의 계단을 오르고 생활했던 주방, 집무실, 화장실 나무로 만든 손때 묻은 여러 집기들을 보면서 우리나라 독립을 위해 몸 바쳤던 애국지사들의 애환이 고스란히 느껴져서 콧등이 저려옴을 느꼈다.

 전직 대통령 6명이 다녀간 한쪽 벽에는 사진과 사인이 있었다. 왜 6명만 다녀갔는지 의문이 남았지만 물어볼 수는 없었다. 상해의 옛 거리는 지저분하다는 중국의 이미지를 말끔히 씻어주었다. 깨끗한 거리는 서울의 명동을 걷는 것처럼 느껴졌다. 두 번째 일정은 뤼순공원(구 홍커우 공원)안에 있는 매헌 윤봉길 의사의 기념비를 보고 기념관 안에서 일행 중 '표천 오성건' 님이 직접 써오신 추모사를 카랑카랑한 목소리로 낭독할 때는 모두의 눈시울이 뜨거워졌다. 글이 좋아 마지막 한 연을 옮겨본다. 24살에 산화한 윤봉길 의사…. 가슴이 너무 아프다.

　- 생략 -
　아~ 이 통절한 당신의 음성

지금 우리의 귀에 들리는 듯하온데
아직도 아직도 남과 북 둘로 나뉘어져
바람 불고 요란한 이 나라
이민족을 굽어살펴 주소서 하늘의 평화로
민족의 번영을 길이길이 누리게 하옵소서

우리는 그 순간만큼은 하나 되어 나라 잃은 설움이 가슴에 와 닿아 크게 소리 내어 함께 낭독했다.

매헌은 갔어도 상해는 활기찼다. 강 위의 도시 빌딩 숲으로 변한 모습(천지개벽)을 월드 파이넨셜 101층에서 내려다보니 멋진 야경이 펼쳐진다. 100년 전 남경로 거리, 땅덩어리가 넓고 인구가 많은 중국에서 태어나고 싶은 곳을 꼽으라면 소주, 살고 싶은 곳은 항주라고 한다. 항주 서호에서 유람선 타기, 거대한 옛 정원(4대 부자였다는 유씨의 정원) 송성 가무쇼 관람, 난쉰 동양의 베니스란 곳에서 고진 뱃놀이…. 볼거리 즐길거리가 무궁무진했다.

여행은 편해야 한다. 볼거리 먹거리도 중요하지만 이번 3박 4일의 상해, 항주, 난쉰 여행에서는 장 가이드님이 인체의 신비를 시간 날 때마다 일러주어서 새로운 것을 많이 배웠다. 통영, 진주, 정선 멀리서 오신 선생님들과 오경자 회장님, 강병욱 대표님

일일이 나열할 수는 없지만 훌륭한 문우님들을 만나 많은 공부가 되었고 알차고 유익한 시간이 되었다. 특히 오른손이 하는 것을 왼손이 모르게 하라는 말이 있다. 보이차 쇼핑을 마다하고 남긴 돈을 4일간 고생하신 기사님에게 말없이 쥐어주는 억센 경상도 사투리의 문우님을 보고 훈훈함을 느꼈고, 샘이 날 정도로 부부란 애정의 귀감을 보여준 윤 회장님 내외분의 모습이 오랫동안 기억에 남을 것 같다. 버스 안 이동 중에는 동심으로 돌아가 많이도 깔깔대며 웃었다.

같이 여행갈 기회가 있으면 또 같이 가보고 싶은 분들이다.

(2019. 6)

동화 속 시즈오카

 어둠이 내리는 시즈오카 공항에 도착하니 비가 내린다. 공항에서 2시간 거리의 숙소에 찾아드니 오래된 건물이지만 정갈한 집이다. 다다미방에 몸을 누이니 제대로 일본이란 게 실감난다.
 올 1월 1일 내 생일과 신정(新正)이 겹친 날 가족들이 만난 자리에서 여행 이야기가 나왔다. 시간들이 맞지 않아 그중 한가한 둘째 딸네와 나만이 갑작스레 준비도 없이 일본 여행길에 올랐다.
 공항에서 렌트한 차로 예약된 숙소에 도착하니 길게 땋아 내린 노란색 갈래머리를 하고 벙거지 모자를 쓴 통통하고 예쁜 얼굴을 한 젊은 여인이 우리를 반긴다. 어른 배꼽 높이의 대문은 열려있고 출입문을 여니 진한 흑갈색의 쪽마루가 놓여 있다. 훅 끼치는 낯설지 않은 특유의 향이 코끝을 자극했지만 오래 지나지 않아 방마다 놓인 석유난로에서 나는 냄새인 걸 알 수 있었다. 천정에는 하얀색 전기히터가 돌아가고 다다미로 된 길게 늘어선 방이 4칸, 나무 살에 쇼지로 바른 얇은 미닫이문을 살짝 닫으면 하나의 방이 완성된다. 주방에는 나무로 된 마룻바닥이 오랜 세월을 말해주듯 불에 탄 자국과 물건을 떨어뜨린 흔적으로 성한 게 없었지만 도색을 하고 니스를 입혀서 반질반질 윤기가 났다.

나그네의 마음을 알아주는지 새벽에 눈을 뜨니 하얗게 눈이 내려 딴 세상이 펼쳐지고 있었다. 여기는 앞산이 눈 속에 묻혀 있고 차들이 가끔 지나다니며 창문을 흔들어 놓는 동화 속에나 나올 것 같은 아담하고 예쁜 동네다. '가와바타 야스느리' 일본 소설가의 소설 『설국(雪國)』이 떠오른다. 주인공이 기차를 타고 여자를 만나러간 시골 동네가 여기쯤 아닐까? 하는 생각이 눈 속에 갇혀 있으니 떠오르는 아침이다.

일본 전통 가정의 조식을 주문했더니 깔끔한 차림의 밥상에 생선 모양으로 포를 뜬 주황색 염장 연어구이가 입맛을 돋우었다. 사위의 일정대로 눈 속에 길을 나섰다. 눈! 눈! 눈 천지다. 우리나라에서 올겨울 눈 구경을 못하다가 일본의 작은 마을에서 큰 눈을 만나니 느낌이 남다르다. 후지산을 다각도에서 그린 그림과 사진이 걸려있는 미술관에 왔다. 신비로운 그림들이 화폭마다 담겨 있었다. 커피를 마시며 창밖을 보니 동그란 나무에 올라앉은 하얀 눈은 녹색 케이크에 생크림을 올린 것 같은 모양이다. 탄성이 절로 나왔다. 발이 푹푹 빠지는 미술관 밖 정원을 주먹만 한 눈을 맞으며 철부지 아이처럼 뛰어다녔다. 눈인지 지붕인지 분간이 어려운 하얀색 돔 지붕을 한 칼국수 집에서 사위에게 말했다. 온종일 눈 구경한 것만으로도 이번 여행은 의미가 충분하다고….

다음 날 아침 눈을 뜨니 눈은 그쳐 있었다. 차 정체를 피할 수 있는 일요일이어서 도쿄로 행선지를 잡고 길을 나서니 눈부시게 하얀 햇살이 내린다. 막 동네를 벗어나니 사진에만 보던 후지(富士山)가 살아 있는 은색 갈치를 무더기로 쏟아부은 것 같은 형상을 하고 바로 앞에 나타나는 것이 아닌가? 눈을 의심했다. 밤새 내린 눈을 덮은 후지산이 더 멋진 자태를 드러내고 손에 잡힐 듯이 바로 앞에 있다. 정말 멋지다!! 이게 후지산 맞아? 하면서 자꾸만 되물었다. 일본에서 제일 높은 3.770미터 활화산이지만 휴화산으로 되어 있다.

도쿄에 도착한 우리는 호쿠사이(일본 최고 화가) 미술관에서 그림 전시회를 보고 대형쇼핑몰 앞에 서 있는 집채만한 건담이 움직이는 이벤트도 구경하고 긴자와 하라주쿠를 돌아 나와 검은색 우동을 먹었다.

동네에 들어오니 행사 주간이라며 가와구찌호에서는 일주일에 한 번 한다는 불꽃놀이가 하늘을 아름답게 수놓고 있었다. 17개월 외손녀 가원이가 우와! 우와! 하며 손뼉을 친다. 이런 행운이! 이게 여행의 꿀재미 아니던가? 수중에 세워진 하꼬네 신사의 빨간색 도리이, 동네에 위치한 작은 카페에서 커피를 주문하고 우연히 들른 신사에는 세계 문화유산으로 지정된 1,200년 된 삼나무, 신사 관광 후 길을 잘못 들어선 국립공원 위에서 본 후지산을 비껴간 아름다운 일몰… 딸은 너무 아름답다며 무거운 몸을 이끌고 베스트 넘버원을 외친다.

가는 곳마다 다른 모양으로 반기는 후지산! 마지막 날은 '후지산 세계 유산 센터'에서 후지산을 또 만났다. 너무나 매력적인 후지산의 위용에 겸허해진다. 요즘 정책적으로 반일이라지만 자연을 멀리할 필요는 털끝만큼도 없다는 생각을 해본다.

시즈오카 현에서는 밤 9시가 되면 빨간 차가 딸랑딸랑 소리를 내며 동네를 지나간다. 처음에는 두부장사라고 생각했는데 같은 시간에 지나가니 우리들은 순찰차라고 단정을 내린다. 다다미와 전기히터, 수세식 화장실과 사시꼬미 옛것과 현재가 공존하는 공간에 새벽을 맞는다. 아이들이 잠든 새벽 일출을 보려고 커튼을 들추니 여명이 밝아오는 동녘 하늘에 새초롬히 떠 있는 그믐 전의 눈썹달이 나를 반긴다. 이틀 후면 서울에서 설날을 맞이하고 초승달을 만난다고 생각하니 또 가슴이 뛴다.

5박 6일 여행을 끝내고 오늘 저녁 비행기로 집으로 돌아간다. 엄마! 일본에 여러 번 여행을 왔지만, 이번은 행선지도 코스도 잘 선택해서 여행이 멋졌다고 아이들이 말하니 내 마음도 덩달아 좋아진다.

열선이 들어간 묵직한 나무로 된 사각 테이블 아래 깔려 있는 극세사 이불에 다리를 묻으면 훈기가 전해오며 폭신한 구름 속 같아서 기분 좋았던 느낌이 떠오른다. 아이들이 채 깨어나기 전에 홀로 일어나 얇은 쇼지로 입힌 창밖에 노랗게 동창이 물들어 오는 걸 보며 혼자서 커피를 내려 마시던 나만의 평화에 즐거웠던 것도 기억나리라….

오전 10시 30분 퇴실을 하니 새로 입실을 하는 세 사람이 차에서 내린다. 안녕하세요? 인사를 건네니 우리 또래 할머니만 미소로 답하고 표정 없는 젊은이 둘은 방금 우리가 나왔던 집안으로 사라진다.

사위가 일본이란 나라는 정말 친절하지만 숙소를 잡고는 옆집과 말도 섞으면 안 되고 먹는 것을 주지도 말라고 안내되어 있다고 알려준다. 개인주의가 만연하고 독신 가구도 정말 많다고 했다. 식당에서 외손녀가 먹을 하얀색 짠 무 한쪽을 얻을 수 없어 세트로 사 먹어야 했던 생각도 떠오른다. 일본 여자들은 하나같이 못생겼다고 했더니 엄마는 외모 비하 발언을 한다고 딸에게 지적도 당했다. 아이들 따라 미술관을 돌면서 경로우대 혜택도 받는데 65세 이상인데도 있고 70세 이상 적용되는 곳이 있는 것도 알았다. 가까운 나라지만 문화가 달라서 일본의 혼네와 다테마이(속마음과 겉마음)란 단어가 자꾸만 떠오르는 아리송한 나라라는 생각이 든다.

 가깝지만 먼 나라 일본, 가끔 생각은 나겠지만… 멋진 풍경과 즐거웠던 시간들을 뒤로하고 돌아오는 한국행이 더 친근하고 반가운 이유는 나의 나라, 나의 문화에 더 길들여진 내 조국이기 때문이겠지!

(2020. 1. 22)

나목

　행주대교를 지나면서부터 좌회전하세요! 우회전하세요! 하는 부자간의 대화가 가끔 들린다. 뒷자리의 옆에는 손자 부성이가 잠들어 있다. 오늘은 남자 삼대와 할머니가 외출하는 날이다. 골목으로 접어들어 조그만 마을을 지나니 아늑한 곳에 '장안정사'란 오래된 작은 암자가 자리 잡고 있고 우측에는 현대식 건물이 햇살을 받아 반짝인다. 그 옆쪽 야트막한 산등성이엔 희끗희끗 잔설이 남은 눈밭에 벌거벗은 나목들이 줄지어 서 있다. 곧 봄이 오면 푸른 잎을 달고 그늘을 만들어 줄 것이다.

차에서 내리니 40대 중반 정도의 정장을 한 깔끔한 두 남자가 정중히 반긴다. 자동문을 밀고 들어가니 황금색 테를 두르고 유리관 속에 하얀 항아리들이 속세의 사연들을 간직하고 이름표를 달고 들어 있다. 꽃장식을 하고 해맑게 웃고 있는 사진, 가족사진, 자식을 앞세운 절규에 가까운 편지글, 남의 글이지만 가슴에 하얀 서리가 내린다. 유족들이 남긴 글귀를 읽으면서 우리 일행들은 한 뼘의 유리관 속을 차지하고 있는 영령들에게 숙연해질 수밖에 없었다.

두 남자는 고인들의 집인 유리관을 분양하는 분양팀이다. 우리에게 카탈로그를 안기면서 빈집들을 설명한다. 건물 1층과 2층 특별실과 일반실, 칸과 층에 따라서 가격이 다 다르다. 눈높이에 있는 가운데 칸은 로얄 층이다. 한 층에 가격이 50만 원씩 차이가 난다. 비교 분석해 보고 남향으로 햇볕이 잘 들고 꽃장식을 하나라도 더 꾸밀 수 있는 사이드 쪽 하나를 계약했다.

20년 전 영면에 드신 시어머니 산소를 이장해야 하는 문제가 지난해부터 들리기 시작했다. 주택공사에 산이 팔렸고 추석 벌초 무렵에는 번호가 쓰인 팻말이 묘지 앞에 세워졌다고 한다. 마음이 바빠진 남편이 고민 끝에 찾아낸 곳이 영구납골당이다. 절에서 관리해주고 우리 집에서도 아들 집에서도 가까운 거리라 만족했다.

하얀 들꽃이 흐드러지게 피고 하얀 나비가 배웅해 주던 산속을 버리고 생(生)과 졸(卒)이 새겨진 유리 집을 마련하고 어머니는 자식 가까이에 거처를 옮기게 되었다. 너무 멀리 있어서 잘 가보지도 못했는데 우리 집을 산 것처럼 마음이 흐뭇해진다. 살아생전 우리 아이들 잘 건사하고 예쁘게 잘 키워주셨는데 이제야 마음이 편해졌다. 아이들도 할머니가 이사를 오는 것인 양 빨리 오셨으면 좋겠다고 한다.

생(生)과 사(死)는 종이 한 장 차이다. 아옹다옹 살다가 모든 것 다 내려놓고 가는 길 아무것도 아닐진대…. 남편은 웃으면서 우리 둘이 갈 것도 마련해 놓고 갈까 한다. 씁쓰레한 마음으로 아직은 아니라고 했지만 사람 일은 아무도 모른다는 것이다. 추모관을 나서는데 2월의 칼날 바람이 한줄기 가슴 속을 휘돌아친다. 인간도 젊음이 다하면 저기 서 있는 나무처럼 나목이 되겠지? 어머님의 마지막 모습이 떠올라 눈시울이 뜨거워진다.

큰딸이 '할머니는 우리가 정말로 보고 싶었나 보다. 생각지도 않은 산이 팔렸고, 가까이 오실 수 있으니' 라고 말한다. 우연이지만 신기할 따름이다. 살아생전 불심이 센 어머님을 절에서 관리해 준다니 마음이 놓인다. 혼백이라도 가까이 모시면 기일이나 명절 때 찾아뵐 수 있고 우리 아이들도 할머니를 기리면서 기억하는 날이 많아지겠지 생각하니 마음이 편해진다.

  해 질 녘 빨간 노을을 보며 돌아오는 길은 여러 상념에 빠졌다. 어머님이 생각날 때는 김밥을 싸 들고 아이들과 소풍을 오는 거다.

  참석 못한 딸들에게 메시지를 날렸다.

    할머니 아파트 4억에(400만) 분양
    계약금 걸고 왔음
    F라인 7층 1열
    핸드폰 속 빨간 싸인 펜 동그라미 표시가 할머니 집
    메시지가 왔다.
    다음 주 시간 내어 할머니 집 보러 갈게요.

(2018. 2)

겨울나기

가라앉은 회색 거리는 아마 눈이라도 내리려나 보다.

날씨가 궂으려면 정신 줄 놓은 낯익은 노숙인이 골목이 떠나가도록 악다구니를 해댄다. 다물어지지 않는 입을 가진 할머니가 어디를 갔다 오는지 지나간다. 무슨 병인지 궁금하지만 물어볼 수는 없다. 백발의 할아버지가 사계절 쉴 새 없이 거리를 뱅글뱅글 돈다. '누구를? 무엇을? 왜?'라고 물어보지 못한다.

'복이 많으시네요.'라며 길가는 행인을 잡고 말을 거는 구두 뒷굽이 반이나 닳아빠진 후줄근한 남녀가 호객행위를 한다. 나 원 참 남의 복 챙기지 말고 자기 복 관리나 잘하지 쓴웃음이 난다.

말로 듣기로는 사이비 종교라 한다.

그렇게 모두 어울려 겨울나기를 하고 있다. 옆 찻집의 음악 소리 그 옆 이동통신의 음악 소리와 고객을 부르는 직원들의 멘트 소리, 우리 가게의 Jack Johnson의 음악 소리가 불협화음을 내며 하루를 연다.

갓 구워낸 붕어빵을 사 들고 걸어가는 젊은 연인들의 하얀 입김과 붕어빵의 고소한 냄새로 겨울이 익는다.

아파트 입구 공터 좌판 위에 잡곡을 봉지에 담아 팔고 있는 할머니 앞에는 발이 잘려진 비둘기가 먹이를 찾고 있다. 시린 발이 안쓰러워 가슴이 먹먹하다. 평화의 상징이라고 일컬었던 비둘기가 천덕꾸러기로 전락한 지 오래다.

늦은 저녁 술에 취한 백수 아들의 택시비를 대신 지불하러 나온 노모의 한숨 소리가 이 겨울을 힘들게 한다. 나 또한 큰 시장을 헤집고 다니며 구매한 삶의 무게를 눌러 담은 검은 봉지의 무게가 버겁지만 가게를 장식하고 매출을 늘려 삶을 풍요롭게 하는 수단이기에 즐겁다.

60줄에 접어든 남편도 직업에 정점을 찍지 못하고 다른 업에 미련을 버리지 못한 채 기웃거리고 있다. 사그라져 가는 불꽃에 한번 더 불씨를 당겨보려 한다.

겨울나기

그 또한 희망이다.

희망이 없는 삶은 죽음보다 더한 고통이다.

저마다 무거운 삶의 등짐을 한 짐씩 지고 겨울의 문턱을 넘고 있다.

희망찬 봄이 있기에 이 시린 겨울을 견디고 있다.

이 겨울 뽀송뽀송 눈 내리는 크리스마스를 기대해 보며

구세군의 자선냄비에 묵혀둔 동전이라도 보태야겠다.

(2013. 12. 「가족 잡지 cosmos」)

성북동 길

생각만 해도 엄마 얼굴에 미소를 짓게 하는 둘째 쩡아가 자기 학교에 있는 평생교육원에서 공부를 해보란다. 주부가 되어 살림하고 돈 버는 일에만 매달려온 지난 세월, 교육도, 취미생활도, 한번 변변히 하지 못하고 50줄 막바지를 살고 있다. 수필 창작과에 등록을 하고 나니 기대 반 설레임 반으로 첫 등원의 날이 기다려졌다.

문학을 배워 보겠다고 여기까지 온 그 생각만으로도 여러분은 충분한 DNA를 가졌다고 생각한다는 교수님의 말씀에 용기를 얻어 본다. 모든 것들을 잘할 수 있다는 우월감에 도취되어 있다가도 금방 열등감의 나락으로 빠져 낭패감을 맛보는 나 자신을 발견하곤 한다. 어찌되었던 매일 반복되는 일상에서 벗어나 일주일에 한 번만이라도 좋아하는 책을 가방에 담고 다니는 그 행복만으로도 가슴이 뿌듯해진다. 새로운 사람을 만나고 좋은 글을 습득하니, 이보다 더 좋을 수가 없다.

오늘은 교수님의 목감기로 예정에 없던 야외 수업에 나섰다. 난생 처음 말로만 듣던 성북동 나들이, 야외소풍이라는 소리에 아이들처럼 모든 선생님이 좋아라 한다. 법정스님의 무소유로 유명한 '길상사'… 입구에서 일행들을 기다리고 있는데 여스님인 듯한 사람이 벙거지 모자를 뒤집어서 들고 천원만 보태 달란다. 영문도 이유도 없다. 책도 팔고 있다. 살아 있는 사람들의 일상에 묘한 아이러니를 느낀다. 소유와? 무소유? 평일인데도 곳곳에 아줌마들이 줄을 서 있다. 밥(공양) 타는 줄 꼬리에 먼저 도착한 다섯 명의 선생님들만 줄을 섰다. 금방금방 줄어드는 줄… 일행 중 본의 아니게 우리들만 밥과 차를 해결하게 되었다. 그것도 불가에서 이야기하는 오늘 점심은 길상사에서 해결하라는 인연이 아닌가 생각해 본다.

늘 궁금하고 가고 싶어 했던 보자기 아트로 유명한 효재 씨 집이 길상사를 마주하고 있다. 호기심 반 기대 반으로 대문을 향해 걸어갔는데 '수업 중'이라는 팻말이 떡하니 걸려 있다. 유명세인가? 넓은 유리창을 통해서만 안을 들여다볼 수 있다. 물론 예약 없이 남의 집을 방문한다는 것은 내 욕심일 수 있다.

TV에서만 볼 수 있었던 그녀의 집… 같은 여자로서 부러움과 선망의 대상이었던 그녀의 삶! 거저 얻어진 것은 아닐진대 나의 부족한 삶에 살짝 질투가 난다.

분산되어 다니던 일행들이 한자리에 모인 곳은 만해 한용운의 고택 '심우장(소를 키운다는 뜻)'이었다. 유명한 시집 『님의 침묵』이 있고 불교의 대중화 개혁에 앞장서신 분이라고 했다. 조선 총독부가 보기 싫어 북향으로 돌아앉아 집을 지었다는 툇마루에 나란히 나란히 앉아 기념사진을 찍었다. 과장된 포즈도 꾸밈도 없는 소박함 그 자체다.

각자가 보듬고 온 세월을 뛰어넘어 무념 그 자체로 하나가 되어 본다. 셔터를 누르는 손끝에 가슴 뭉클 행복이 전해온다.

나만의 생각일까? 이만큼만 지금만큼만 건강이 허락하는 한 각본도, 연출자도, 배우도, 관객도 없는 동심으로 돌아가서 가끔씩 생각 없는 사진을 찍고 싶다.

노란 조(좁쌀)밥을 흩뿌려 놓은 것 같은 개나리 핀 골목길을 벗어나서 조금 걸어 내려오니 '상허 이태준' 선생님의 생가를 만났다. 문방사우가 아닌 문방구우 문우들이 모여서 문학을 논했다는 팔각 기억자 집, 지금은 이태준 선생님의 종손녀가 '수연산방'(조용한 산속 처소에서 여럿이 모여 공부하는 방)이란 다원을 운영하고 있었다. 차 한잔의 여유를 즐기고픈 아늑한 곳이다. 옛집을 고스란히 간직하고 있는 어떤 위용에 스스로 숙연해진다 .

 금방이라도 두 갈래 머리의 소녀가 나풀나풀 나타날 것 같은 골목길… 한아름 자연을 안고 오는 뿌듯한 날, 도심 속의 어머니 품 안 같은 성북동 길.

(2011)

나한테는 미움이야

 돌을 매어 단 것 같이 명치가 묵직하게 아려온다. 가을비는 오는데 풀 수 없는 숙제를 안고 마음이 스산해진다. 그 애가 퇴근길에 콜미라고 문자를 보내왔다. 반가움에 얼른 전화를 걸었다. 결혼을 하고 분가를 하고부터는 궁금해도 불쑥불쑥 자식들에게 연락을 하는 것도 쉽지 않다.

 엄마한테 의논할 게 있다면서 조용히 말을 꺼낸다. 뭘까? 궁금했지만 인내를 가지고 기다린다. 자신의 반 아이가 그러는데 고양이 한 마리가 추락해서 죽고 한 마리가 남았는데 키울 사람이 안 나타나면 학생의 엄마가 안락사를 시키겠다고 엄포를 놓았다고 한다. 울먹이면서 그 애에게 도움을 요청했단다.

　마음 여린 그 애가 어쨌든 데리고 와라. 생명을 죽일 수는 없잖니 했다고 한다. 고양이 두 마리를 키우는 언니한테 말하니 무조건 데리고 오라고 해서 어제 집에 데리고 와 병원엘 갔는데 영양실조로 너무 약해져 있다고 불쌍해서 어쩌면 좋으냐고 한다. 엄마한테 하는 말은 의논이 아니라 통보였다. 키우지 말라고 단호하게 말했다. 이미 이별의 슬픔을 알아버린 엄마이기에…. 애완동물은 정을 들이면 생명이 있는데 어떻게 내칠 수 있느냐고 부연 설명도 곁들여 본다. 둘째는 알았다고 하면서도 엄마!! 몸통 전체는 새까맣고 발만 하얀데 너무 예쁘다고 속내를 살짝 비춘다. 미련의 끈을 놓지 못하는 모양이다.

　큰사위는 총각 때부터 고양이를 키우고 있었다. 결혼을 하면 당연히 없애는 줄 알았다. 너무 생명을 경시했는지는 몰라도 예비 장모가 막말로 누구 줘버리라고 했던 적도 있었다. 시집을 가더니 믿었던 큰딸도 한술 더 뜬다. 신랑이 키우던 10년이 넘은 늙은 고양이와 길에서 데리고 와서 키우는 양순이, 양양이 두 마리를 자식보다 더 애지중지하면서 키우는 걸 보면 그 당시에 표현은 못해도 장모가 얼마나 야속하고 미웠을까 하는 생각을 해본다.

　어릴 때 시골 할머니 댁엘 가면 반지르르 윤기 나는 큰 고양이가 있었다. 많은 삼촌들과 고모, 큰 머슴, 작은 머슴 엄청 많은 식구들이 있었는데도 할머니는 고양이를 늘 "살찐아, 여기 밥 먹어" 하면서 다정하게 부르곤 했다. 동물 사랑이 끔찍했다는 생각을 최근에야 해보게 되었다. 어느 때는 새끼 고양이를 몇 마리씩 낳아서 거느리고 다니기도 했고 우리 집에도 새끼 고양이를 데리고 와서 키웠던 기억도 난다. 여러 배의 고양이 새끼를 낳고 늙은 고양이를 어떻게 할 수가 없어서 막내삼촌이 자루에 담아 홍수가 나던 날 황토 물속에 멀리 가져다 버렸는데 그 다음날 집을 다시 찾아왔다고 했다. 우리 엄마는 그것을 보고 두고두고 참 영물이라는 소리를 자주 하셨다. 그런 소리를 듣고 자란 난 고양이의 기억이 좋을 리가 없다. 결혼 9년차 큰딸이 자식이 없는 걸 두고 고양이가 시샘을 해서 그렇다는 억지소리도 가끔 하지만 그럴 수도 있다는 것에 무게를 실어 보기도 한다. 생명을 중시한다는 것이 바람직한 것은 사실이지만 각자 개인의 욕심과 바람을 무시할 수는 없다.

정도 들기 전에 떠난 새끼 고양이 땜에 한참을 가슴앓이를 했다는 그 애에게 어떻게 되었느냐고 묻는 것 자체가 잔인한 것 같기도 했지만 그 애는 말해주지 않았다. 엄마한테 위안을 받기는커녕 '잘됐어' 하는 소리는 차마 듣기 싫었을 거라는 짐작을 해본다.

그러나 그 애의 아픔이 화르르 가슴을 훑고 지나간다.

부여에 계신 문우님이 보내온 사연에는 강남 갔던 제비를 기다리고 새끼 제비가 몇 마리고 제비 새끼 머리가 콩알만한 게 세 마리 보였다는 내용이 담겨 있다. 동물을 사랑하는 따뜻함이 녹아있다. 유기견이나 유기묘를 불쌍히 여겨 사비를 들여 사료도 사 먹이고 거두는 사람을 보면 정말 대단하다고 생각한다. 그러나 환경과 생활 여건이 어쩔 수 없을 경우도 많다.

멧돼지가 출몰하여 농작물을 망가뜨려 농부의 마음을 아프게 하기도 하고 평화의 상징이라던 비둘기도 유해 동물이 된 지 오래 되었다.

생명이라고 다 예뻐할 수는 없다. 나의 가게 삶의 터전 진열대 위 높다란 전깃줄에 자리잡고 앉은 비둘기가 얌전하게 단장하고 손님을 기다리는 상품을 향해 찍하고 갈기고 간 세균 덩어리 물변(똥)은 어떡하라고?…

높이 앉은 비둘기를 향해 훠이훠이 날려 보지만 헛손질이고 역부족이다.

정말 얄미워서 옆에 있으면 때려 주고 싶다.

(2015. 10)

함양 문학기행

여행에 따라 여행 보따리의 부피가 달라진다. 당일치기 문학기행이 1박 2일로 늘어났다. 평소보다 큰 가방으로 무게를 보탠다. 여행이란 늘 설레고 기다려진다.

자욱하게 깔려 있는 안개 속을 뚫고 14명을 태운 승합차는 남쪽을 향해 내달린다.

오늘의 일정은 경남 함양 투어다.

길옆 코스모스 꽃길과 드문드문 보이는 억새풀들… 금산랜드 휴게실 아래 만발한 구절초 꽃들은 왕소금을 뿌려 놓은 듯 하얗게 빛난다. 새우만 올려놓으면 소금구이가 되어 나올 것 같다고 걸쭉

한 농담을 하는 선생님도 있다. 군데군데 가을이 익어가고 있었다. 승합차 안의 선생님들은 한 지붕 아래 가족이 되어 조근조근 이야기를 나누다가 곧 폭소가 터진다. 소녀들에게 빙의가 된 듯 즐겁다.

함양은 예부터 선비가 많은 고장이라 한다. 관직을 버리고 한번 낙향하면 아무리 권해도 더 이상 관아로 돌아가지 않고 산수 좋고 정자 좋은 곳에서 남은 여생을 보냈다고 한다.

임진왜란 때 열 손가락에 가락지를 끼고 아무리 발버둥을 쳐도 빠져나오지 못하게 왜적의 적장을 안고 남강에 몸을 날려 함께 죽었다는 의암 논개의 묘에 도착했다. 여러 계단을 올라가니 깔끔하게 단장한 '유인신안 주씨 지묘'란 묘비가 따사로운 가을 햇살을 받아 고고히 서 있다. 논개의 성은 주씨, 아버지(당시 훈장)가 죽자 숙부의 손에 팔려 관기가 되고 의병 최경회의 부실이 되었다가 최경회가 죽자 절개를 지키며 한낱 아녀자의 몸으로 적장을 죽게 했다는 주 논개의 이야기다.

역사나 야사에 전해오는 여자들의 이야기는 관심과 흥미를 가지게 된다. 현재를 살아가는 우리도 과연 그럴 수 있을까? 잠시 생각만 하고 과거의 먼 이야기로 돌려 버린다.

함양의 '거연정'이란 정자 앞에서 글 선배 내외가 우리 일행을 맞이한다. 바위, 물, 나무, 삼박자가 어우러져 자연과 한 몸이 되어 절경을 이룬다. 우리나라에서 훼손되지 않고 함양에 제일 많은 정자가 남아 자리를 보존하고 있다고 했다.

거연정, 군자정, 동호정….

연암 박지원(실학자) 선생 사적비, 홍수를 막으려고 나무를 심게 되었다는 상림공원 최치원 선생님을 위시하여 11명의 역사 인물 기념비, 효부 열녀비…. 아름다운 자연을 보고 조상님들의 지혜를 느끼며 이 땅에 태어난 게 감사하고 축복이라는 생각이 든다. 모두가 좋은 구경거리다. 글 선배님 내외가 마련한 연잎 속 찰밥 정식, 살뜰히 챙긴 간식거리(삶은 햇땅콩, 햇대추, 먹기 좋게 껍질 벗긴 단감)는 고향 어머니의 따스한 손길을 느끼게 하는 정이 스며 있다.

용추 계곡의 폭포는 하얀 포말을 일으키며 잠시나마 일행의 발을 묶는다. 아쉬움을 뒤로 하고 삼천포(사천시)로 향한다. 갯내음을 가슴 깊이 들여 마셔본다. 삼천포항의 야경, 전어회… 비릿한 해초 내음 묻어 나는 선창가, 정박한 배들이 있는 곳에서 물건을 흥정하며 아침을 맞았다. 해산물 미역국, 섬진강의 재첩국, 기억에 남을 추억거리를 만들고 일행은 지리산의 품에 안겼다. 구불구불 산길을 돌아 오르며 가끔 아, 탄성을 지르기도 하면서.

청령치 휴게소에 닿았다. 해발 약 1200m의 산속은 단풍으로 몸단장을 시작하고 있었다. 가을 단풍을 가불해서 미리 본다고 하며 웃기도 한다.

아쉬운 하루에는 서산을 넘고 있다.

고려시대 말 이성계는 군사를 이끌고 약탈을 일삼은 왜적의 수괴 아지발도를 무너뜨리고 공을 세운 황산대첩, 이들의 공적을 기리는 비(碑)가 있는 곳에 도착했다.

왜적들이 다이나마이트로 폭파도 시키고 정으로 쪼기도 하여 훼손시켰는데 그나마 조금 남은 것을 복원해 놓은 공적비를 마지막으로 보고 서둘러 귀갓길에 올랐다.

오전은 느긋하더니 막바지가 되니 한 곳이라도 더 익히고 구경거리를 찾아 서두르며 바빠진다. 우리네 인생도 그러하다는 생각이 든다. 문학기행을 빌미 삼아 여행으로 가끔은 내 생에 쉼표를 찍고 싶다. 아직도 못다 채운 공간을 글쓰기와 여행으로 채우고 싶다.

나이가 들어서는 살까? 말까? 하는 물건은 사지 말고

갈까? 말까? 하는 여행은 떠나라고 했다.

여담을 섞은 대화는 재미있고 분위기를 화기애애하게 한다. 가는 곳마다 볼거리 먹을거리로 넘쳐나는 깨끗하고 아름다운 금수강산…. J 선생님의 대합조개 이야기를 듣고 모두의 입가에 웃음을 매단 채 즐거운 여행을 마무리해 본다.

  4박 5일 동안은 걸렸을 여행을 1박 2일에 끝낸 알토란 같은 문학기행이었다고 모두 입을 모은다. 좋은 사람들, 유쾌한 여행, 덤으로 얻어가는 글쓰기, 다음의 여행지를 기대하며….

(2013)

5부

진수식

방관자

 매일 수많은 사건과 사고가 일어난다. 며칠 전에는 구의역 스크린 도어를 수리하던 젊은 청년의 사고 소식이 가슴을 아프게 했다. 서울 메트로의 협력업체인 은성 PSD의 뒤늦은 사과와 수습이 마음을 씁쓸레하게 하지만 우리 모두가 청년의 죽음에 대해 방관자가 아니었나 하는 생각이 든다.

 저녁 10시 30분 보통 사람들과는 달리 한 템포 늦게 하루를 시작해서 하루를 마무리하고 지하철 2호선 S역 매일 같은 자리 '간장'이란 시가 들어있는 앞에 서 있다. 힘차게 열차가 달려온다. 사람 속을 비집고 들어서니 여느 날과는 달리 7명이 앉는 좌석이

휑하니 비어 있다. 반가움에 몸을 돌리는데 역겨운 냄새가 혹 끼쳐 온다. 바닥에는 허연 화장지 무더기와 누군가의 배 속에서 역류한 오물이 뒤섞여 널브려져 있다. 그렇다고 못 본 체할 수도 없고 칸을 옮기는 것도 모양새가 좋지 않다. 항상 손에 들고 다니는 핸드폰에 1577-1234를 꼭꼭 찍었다. 기본 멘트가 나오고 아가씨가 "무엇을 도와 드릴까요?"라고 묻는다. 지금 움직이는 구간을 말하고 승객들이 불편을 겪고 있다고 했더니 객차의 번호를 대라고 했다. 얼마 있지 않아 청소 도우미 아줌마가 와서 시트도 닦아 내고 바닥도 깨끗이 치워 주었다. 불편함을 감수하면서도 앉아 있는 무표정한 얼굴들, 연락할 방법을 몰라서 침묵하고 있는지는 몰라도 승객 모두는 모르쇠로 일관한다는 게 안타까웠다.

실화를 바탕으로 한 「버스44」란 중국 영화가 있다.

여자 버스 기사가 비탈길로 운전을 하고 가는데 양아치 셋이서 성희롱을 했다. 승객들 중 중년 남자 한 사람이 말리다가 흠씬 두들겨 맞았다. 한참 후 돌아온 여자 기사가 중년 남자한테 내리라고 했다. 남자는 편을 들어 주었는데 왜 내리라고 하느냐고 영문을 몰라 했다. 안 내리면 버스가 출발하지 않겠다고 하자 다른 승객들도 그 남자의 보따리까지 밖으로 던지며 끌어내렸다. 터덜터덜 걸어가는 중년 남자의 눈앞에는 아까 타고 왔던 버스가 낭떠러지에 굴러떨어져 있었다. 승객 전원이 사망하였다. 여기사는 양아치에게 성폭행당한 자기를 모른 척 외면했던 승객들을 모두 지옥으로 데리고 갔다고 한다. 이 글을 읽고 나도 버스 안의 방조자는 아니었나 반문해 본다.

미국 뉴욕에서도 키티 제노비스라는 여인이 주민들의 방관과 무관심으로 성폭행과 살인을 당한 사건이 있다. 이웃들이 직접 개입은 안 해도 민첩한 신고만 했어도 사고를 방지할 수 있었다고 하니 정말 안타까운 일이 아닐 수 없다.

물론 나의 경우도 경험에 의해서 쉽게 메트로에 연락할 수 있었다. 몇 개월 전 일이다. 줄의 제일 앞에 서서 지하철을 기다리는데 차례가 되어 타려는데 승객만 내려놓고 문이 닫히는 게 아닌가? 순간 놀라고 당황함은 이루 말로 표현할 수가 없었다. 다리와 팔은 겨우 빠져나왔는데 에코백이 문 사이에 끼워서 겨우 빼낸 적이 있다. 얼마나 화가 나던지 다음 차로 갈아타고 겨우 전화번호를 찾아 자초지종 얘기를 했더니 부상은? 물품의 손상은 없었냐고 묻길래 들고 있던 가방에 흠집이 생기긴 했지만 어쩔 수 없고요, 나 같은 제2의 피해자가 없길 바란다고 했더니 미안하다고 그다음 날 객차를 운전한 기관사에게 사과 전화까지 온 적이 있었다. 속으로 혼자 끙끙 앓다가 말았으면 억울할 뻔했다는 생각을 해본다. 방관과 방조 개인주의가 만연한 사회지만 신속한 신고도 필요한 것 같다.

오늘의 지하철 안 풍경이다, 행색이 초라하고 힘없는 노인 앞에 60세 정도 보이는 신사가 돈 1만 원을 꺼내서 쥐어주니 말없이 작은 지갑에 넣는 것을 목격했다. 아버지가 생각나서였을까? 세상은 아직 살만하다는 생각을 해보는 기분 좋은 하루다.

(2016. 6. 8)

잃어버린 시간

발그레 복숭앗빛 볼을 가진 그 애가 "이모!"라고 부르며 품에 안긴다. "그래. 잘 자라 주었구나." 등을 토닥이며 힘껏 안아주었다. 서늘한 기운이 가슴 한편을 훑고 지나간다.

어릴 때 만난 이후 그 애의 오빠 결혼식 때 다시 만났을 때는 그 애 엄마 젊었을 때 모습과 흡사해서 섬뜩할 정도였다.

그 애의 엄마는 같은 학부모로 만나 친구이자 가게를 같이 운영하는 동업자가 되었다. 학교 어머니회를 이끌어가는 리더십하며 사회자로서의 언변, 노래와 춤, 반짝반짝 윤기나는 살림살이, 음식 솜씨 어느 것 한 가지 나무랄 데가 없어 같은 여자로서도 반할 것 같은 친구였다. 남편의 안정된 직장, 잘 자라는 남매로 해서 남 부러움이 없을 것 같은데 어딘가 모르게 얼굴에는 그늘이 드리워져 있었다.

어느 날 달력에 촘촘히 그려진 동그라미 수를 가리키며 남편이 외박한 날이라고 일러준다. 그 사실을 안 이후로는 그 남편을 천하의 몹쓸 사람으로 매도하고 철저한 응원군이 되었다. 난 확실한 그녀의 아군이었다.

남편 몰래 꽃꽂이를 배우고 대화 없는 생활이 계속되자 그녀는 남편에게 의처증이란 날개를 하나 더 달게 해주었다. 광기 어린 눈, 남편의 횡포는 극에 달했다.

숨 막히는 생활, 참을 수 있는 것도 한계에 달했다고 쫓기듯이 남매를 남겨두고 그녀는 떠나갔다. 자유와 행복을 찾아서….

거친 풍랑이 지나고 잠잠해질 무렵 그녀에게서 연락이 왔다. 경북 포항이란다. 그녀 여동생의 침대에 누워 밤새 이야기를 나누었다. 비싸게 주고 산 옷이라고 남편에게 구박받던 무스탕 재킷만이 옷걸이에 걸려 덜렁대고 있었다. 눈을 감으면 두고 온 딸 진이 생각이 무수한 별비가 되어 얼굴에 쏟아져 내리고, 아지랑이가 되어 눈앞을 흐려 불면의 밤이 계속된다고 했다. 헛헛한 두 여인의 마음을 헤아리듯 그 밤 밖에는 싸락싸락 눈이 내리고 있었다.

그 뒤 딱 한 번 서울을 찾은 그녀!

서울~ 서울~ 서울이 미워졌어요.

"서울이여 안녕"이란 노래를 끝으로 빨갛게 충혈된 토끼 눈을 하고 그녀는 새벽안개 속으로 사라져 갔다.

'행복하거라.~'

한 가족이 하객을 맞는다. 그 애의 새엄마, 스무 살은 됨직한 꽃미남의 청년, 새 가족을 꾸린 '진이네'다. 그녀가 두고 간 아들, 그 애의 오빠가 장가가는 날이다.

그 애는 줄곧 명랑하고 행복해 보인다. 웃음기 머금은 입매며 옛날 그 애 엄마가 즐겨 끼던 무늬 없는 반지도 비슷한 걸로 끼고 있다. 성격도 취향도 닮아 있다. 다행이다….

세 번째, 이모라고 찾아온 날 그 애는 엄마를 원망하고 있었다. 어른들의 어긋남이 큰 돌덩이가 되어 상처를 짓이기고 있었다. 엄마가 보고 싶어 이불을 쓰고 숨죽여 흘린 눈물이 얼마이며, 그리워 몸부림치던 어린 날을 보냈었다고 담담히 고백한다. 책임 못질 자식은 왜 만들었냐고, 자기 가슴에 못질을 해댄다. 빨갛게 충혈된 눈을 하고 그 애가 앞에 앉아 있다.

"별걸 다 닮네." 속으로 되뇌어 본다.

'너 엄마 자리 잡으면 데리러 온다 했는데…' 그 소리는 입속에만 맴돌 뿐 발음이 되어 나오지 않는다.

이제와서 그 소리가 가당키나 한 소리인가?

그녀의 판단에 쌍수를 들고 이혼 직전 며칠간이라도 은신처를 마련해 준 난 뭔가. 그 어린 남매의 처지와 그 속의 상처는 한 번도 헤아리지 못한 채 20년의 세월을 지나고 있었다. 그네들의 인생에 왜 내가 한 발을 담그게 되었는지…

얽힌 운명에 자책이 온다. 자신에게 관대했지만 외로운 세월을 살아온 그네들의 방관자일 뿐이었다. 되돌릴 수만 있다면 그 옛날로 돌려주고 싶은 심정이었다. 인생은 생방송이다. 순간의 선택이 이런 파장을 몰고 오다니… 상대의 안에 내가 되어보고 무심코 던진 돌이 다른 사람에게 피해는 주지 않았나? 나의 잣대로만 살지 않았나? 살아온 세월이 돌이켜진다.

과연 내가 그녀의 친구였을까? 그냥 옆집 아줌마였을까?

그녀가 현재 처해 있는 삶이라도 행복했으면 좋겠다. 딸은 엄마의 팔자를 닮는다는 말이 있지만 엄마를 판박이로 닮은 그 애가 이후의 삶이라도 자유롭고 행복했으면 하는 바람이다. 20대 후반의 그 애의 삶에 도움을 줄 수 있는 건 어디에도 없다. 참한 신랑 만나 몰래 행복을 빌어주는 못난 여인 하나가 있을 뿐이다.

(2012 『여울』)

SNS (SOCIAL NETWORKING SERVICE)

 80년대 초 서울에 갓 이사 왔을 때만 해도 집에서 쓰는 전화기도 흔하지 않을 때였다. 주인집으로 어쩌다 걸려오는 전화를 눈치를 보면서 받던 시절이 있었다. 몇 년 뒤 집 전화기를 갖게 되고 거리와 골목마다 공중전화가 놓여지면서 줄을 서서 전화를 거는 모습은 옛 추억이 되었다.
 90년대 중반에는 삐삐라는 것이 있어서 상대방이 전화로 삐삐에 전화번호를 입력하면 상대에게 전화를 걸어주는 것이다. 그것도 잠시, 이동하면서 통화를 할 수 있는 핸드폰이 나오고 점점 기능이 다양해져서 스마트폰이 나와서 폰 기능. 사진 찍기, 쇼핑,

금융거래 날씨와 뉴스 자그마한 기계 하나가 손 안에서 다 해결이 된다. 친구 맺기와 모든 정보를 서로 공유하고 대화하고 소통하는 카카오톡, 카카오스토리, 밴드, 인스타그램, 페이스북 이런 것들이 많은 회원을 거느리고 소통을 이어가고 있다. 눈팅만 하던 페북에 손주들의 얘기가 재미있어 끼어들기를 하였다. 할머니들의 손주 자랑 살아가는 이야기, 글쓰기, 건강 정보, 음식 정보 등 많은 걸 제공 받을 수가 있었다.

페이스북에서 만난 몇몇은 여우처럼이란 명칭을 가지고 재능기부를 하면서 소통을 이어가고 있다. 그것 또한 보람이 아닐 수 없다. 반면 페북 친구들이 유명을 달리할 때도 있고 뇌경색으로 쓰러진 분의 소식을 접했을 때는 참 가슴이 아프기도 했다. 직접 농사지은 무공해 농산물을 보내주는 페친도 있다. 참기름, 여러 가지 야채 해풍 맞아 기른 달달한 시금치, 여름에는 옥수수, 택배를 받을 때마다 친정엄마 같은 마음씀이 고맙기 이를 데 없다.

미국에 사는 페친은 남편의 이름이 나와 똑같은 '안경환'이라서 친구 신청을 해 와서 예쁜 관계를 이어간다. 직접 피아노를 치면서 커피점을 운영하던 페친은 아픈 남편의 건강 때문에 모든 걸 버리고 깡촌에 들어가서 사는 요즘에 보기 드문 여인이다. 정치적 견해 차이로 싸움을 하는 경우도 있지만 지금 우리나라의 현실이니 어찌하랴….

미국에서 2번째로 작은 주 달라웨어에 있는 루이스라는 작은 해변에 살고 있는 미쉘이라는 동갑내기 페북 친구가 고국을 방문했을 때에 바쁜 일정 중에서도 나를 만나러 와서 정말 반가웠던 적이 있다. 미국이란 타국에서 낚시와 페북이 유일한 낙이라는 친구는 나라 사랑도 남 못지않다. 태평양을 사이에 두고 대화를 이어갈 때 상대가 글을 쓰고 있을 때는 내 폰에도 글을 쓰는 게 보이니 참 편리한 세상에 살고 있구나 하는 생각이 든다.

30년 전쯤 네댓 살 된 둘째 딸을 데리고 외출했던 남편이 돌아와서 하는 말이 이름난 호텔에서 독일인 남편과 예쁜 딸 둘이 있는 멋있는 누님과 커피를 마시고 왔다고 했다. 그날 남편은 들떠 있었고 기분이 좋아 보였다. 그 누님의 이름이 은연중에 내 머리에 입력되어 있었다. 페이스북을 하다 보면 나만 보기와 전체공개가 있다. 이름을 치고 검색해보면 동명이인이 정말 많다.

어느 날 성악가이면서 자서전을 냈다는 글이 올라왔다. 남편이 누나라고 했던 분과 이름이 같았다. 그 당시는 음악을 한다는 이야기도 못 들었지만 막연한 확신 같은 게 있었다. 캡처한 사진 석 장을 남편한테 보여주었다. 30년이 흐른 지금의 사진을 보여주니 잘 모르겠다고 한다. 20대의 청순한 사진도 알아보지 못했다 마지막 40대의 사진을 보더니 맞다고 한다. 그 즉시 그 누나란 분한테 메시지를 보냈다. 상대도 급한지 전화가 왔다. 남편이 독일인인 것도 맞고 딸 둘은 결혼을 했고 그 누님은 70의 나이에 지금은 호놀룰루에서 살고 있다고 한다. 자서전을 보고 싶다는 말을 했더니 교보문고에 주문을 넣으라고 했다. 우리는 이제 페북 친구지요 라는 말을 남기고 전화를 끊었다.

30년 전 당신이 친했다는 그 누님과 연락이 닿았다는 소리를 듣고도 젊었을 때의 열정은 간 곳 없고 머리가 희끗한 할아버지가 된 남편이 무표정한 얼굴로 쳐다본다. 그 이상 아무런 말을 들을 수는 없었다. 혹시나 누나라고 나를 찾고 있는 동생이 어느 하늘 아래 살고 있을 수도 있다는 생각도 해본다. 스마트폰을 교체하면서 통화만 주고받으면 된다고 하던 때도 있었다. 지금은 칩을 하나 더 보충하고도 더 많은 기능에 욕심을 낸다.

세월은 많이 흘렀고 세상도 많이 좋아졌다. 우리는 너무나 편리한 IT 강국에 살고 있다. 뿌듯한 자부심을 가지는 순간이다.

(2017. 9)

진수식

 사람은 새로운 인연을 만들면서 살아간다. 그러면서도 그 뿌리에 대한 진한 연대감 같은 것은 타고나는 것인지 모른다. 오늘도 새로운 인연 따라 길을 나섰다. 용산역 TMO에서 만난 제독님 이하 일행들이 지금은 비가 추적추적 내리는 거제의 거가대교를 지나고 있다. 서울을 출발할 때만 해도 멀쩡했던 날씨가 남쪽으로 내려오면서 비를 뿌리기 시작했다. 부산역에서 갈아탄 버스는 대우조선 해양에서 제공해준 것이다.
 차창에 사선으로 떨어져 부딪히는 빗줄기를 세면서 상념에 젖어든다.

2년 전 페이스북 친구로 알게 된 그녀를 만나러 대전에 가는 그날도 비가 내렸다. 전국에서 모인 12명의 친구들은 여러 분야에서 다양하게 활동하고 열심히 살아가는 여성들이다. 직업과 나이도 각기 다른 주부들로 이루어져 있다. 그날 모임의 주목적은 얼굴도 익히고 돌아가며 재능기부를 하는 걸로 사전에 얘기가 되어 있었다.

주관한 대전의 그녀가 손바느질로 복주머니를 만드는 재능기부를 했고, 모두들 열심히 배우고 금방 친해졌다. 즉석에서 '여우처럼'(여자라면 우리처럼)이라는 회명도 지었다. 우리들은 운무가 내리는 저녁 무렵 도예방도 견학하고 알찬 하루를 보내면서 급속도로 친해졌다. 세월호, 촛불시위, 대통령의 탄핵을 맞으면서 정치라고는 하나도 모른다던 민심(주부)들이 거리로 뛰쳐나와 태극기를 들고 애국을 한다고 들끓고 있었다.

그 무렵 그녀의 권유로 진해에 있는 해군사관학교 견학을 하고 잠수함 내부를 들어가 보게 되었다. 말로만 듣던 잠수함! 두 사람이 비켜 가기도 힘든 협소한 공간에서 생활하며 한번 잠수를 하면 몇 달씩 외부와 철저하게 차단된다는 소리를 들었다. 한창 혈기 왕성한 우리의 자식들이 힘들게 바다를 지키는 모습을 보고 조금이라도 보탬이 되고자 잠수함 연맹 명예 회원이 되었다.

이런 인연으로 오늘은 '도산 안창호 함' 진수식에 가는 날이다. 철저한 신원조회와 여러 단계의 몸수색 끝에 입장하게 되었다. 초대된 내빈들은 속속 거제의 옥포만에 모여들고 있었다.

행사가 시작될 무렵 대통령 내외와 같이 차에서 내리는 콧수염을 기른 남자와 외국인 여자가 눈에 들어왔다. 알고 보니 그 둘은 부부였고 미국에 살고 있는 도산 안창호 선생의 후손이었는데 이번 진수식에 특별 초대되어 온 것이었다. 멀리서 보아도 사진 속의 안창호 할아버지와 많이 닮아 있었다. 후손을 보는 순간 종씨라는 묘한 감정으로 설레고 있었다. 독립운동가, 교육자, 애국가의 작사자 도산 안창호 선생, 그분의 이름으로 명명된 잠수함의 진수식에 참석하게 되다니, 뜻밖의 행운에 다시 한번 감사드리는 마음이었다.

행사를 마치고 자리를 옮겨 뒤풀이가 있었다. 차려진 음식에는 관심이 없고 초대된 사람들의 건배가 끝나고 기념사진 촬영이 있었다. 부르지도 않았는데 내 몸은 이미 앞자리의 귀빈석으로 달려 나갔다. 복잡한 자리를 비집고 들어간 나는 그 후손에게 손을 내밀어 악수를 청하고 있었다. 그 후손은 의아해서 누군가하고 눈으로 묻고 있었다. 우리말을 알아듣지도 못하는 사람에게 "종씨요, 종씨!" 하고 외쳤다.

곧이어 한국에 사는 종친회 몇 분과 같이 사진을 찍었다. 원탁에 있던 일행이 나를 발견하고, 아니! 저 언니 왜 저기 서 있지 하는 소리가 들렸다. 나의 돌발 행동이 의외였나 보다. 그 후손과 마주 잡은 손에는 형용할 수 없는 끈끈한 무언가가 흐르는 것 같았다. 피는 물보다 진했다.

진수식이란 선체 구성품을 조립하고 고유 명칭을 부여하는 명명식과 함께 군함을 바다에 띄우는 의식이다. 진수식의 유래를 알아보았다. 초기에는 성직자가 관장하는 종교 행사였으나 19세기 초 영국의 빅토리아 여왕이 최초로 영국 군함 진수식을 주관한 이후로 성직자 대신 대모가 손도끼로 진수 줄(테이프)을 절단하는 전통이 정립되었으며 이는 갓 태어난 아기의 탯줄을 자르는 것과 같은 의미라고 한다. 처음 보는 행사이고 여자가 자르는 거라고 해서 호기심 있게 지켜보았는데 남자 셋과 여자 둘(다섯)이서 자르는 게 아닌가! 조금은 무성의해 보였고 정통을 거스르는 것 같아서 의아하게 지켜보았다.

"우리는 죽어도 거짓말을 하지 말자"라는 안창호 어른의 말이 자꾸만 떠올랐다. 그 말 한마디에 더더욱 존경하는 마음이 일었고 안 씨라는 자부심을 느끼는 순간이었다.

젊은 시절 눈이 부시게 새하얀 제복을 입은 해군이 선망의 대상인 때도 있었다. 명예 회원이 되면서 2018년 3월 13일에는 해군사관 학교 해군 생도 제72기 졸업, 임관식에도 초대받아 내빈으로 참석하는 영광을 누리기도 했다.

대우조선 해양은 1981년 방위사업체로 지정된 이래 37년간 최고 수준의 군함을 건조해 왔고 오늘 진수식을 거행하는 '도산 안창호' 함은 대우조선 해양의 모든 기술력이 결집된 세계 최고 수준의 잠수함이라고 한다.

저 앞에 보이는 옥포항은 임진왜란 당시 성웅 이순신 장군이 첫 승전고를 올린 의미 있는 곳이다. 어수선한 지금의 시국이지만 이순신 장군의 업적과 바다를 지키는 해군들의 늠름한 모습을 보면서 한시름 더는 기분이 들었다.

소통이 인연을 만들고 인연은 새로운 세상을 보게 하였다. 잠수함 연맹 회원이 되어 작은 힘이라도 보탬이 되었으면 하는 마음이며 세계 최고의 자랑할 수 있는 기술력이 있는 것도 알았고 우리 조상님의 이름이 함 이름으로 명명되어 뿌듯한 날이었다.

(진수식 날 2018. 9. 14)

연(緣)

 어느 날 문득 인연이란 단어를 떠올려 보았다. 세상에 태어나서 부모님 그리고 형제자매와 인연을 맺고 자라서는 독립을 하고 배필을 만나 자식을 낳고 또 하나의 가정을 이룬다.
 살아오면서 많은 사람들과 인연 맺기를 했다가 영원할 줄 알았던 친구와 헤어지기도 하고 믿었던 사람에게 사기를 당해서 악연이 되기도 한다. 순간순간 정말 친했던 친구들이 가끔 떠오르기는 하지만 찾을 길이 없다. 찾을 필요를 느끼지 않았는지도 모른다.
 몇 해 전 친정어머님 장례식장에서 누가 나를 찾는다고 했다.

만나보니 대머리 할아버지가 기다리고 있었다. 아무리 생각해도 기억이 나지 않았는데 알고 보니 어린 시절 친정집 담을 사이에 두고 살던 옆집 오빠였다. 아무런 추억도 공유하지 않았지만 참으로 반가웠고 헤어지면서 많은 생각을 했던 적이 있다. 소년 소녀가 노인이 되어 가고 몇십 년 만에 짧은 만남을 끝으로 죽을 때까지 다시 만나 볼 수 없을지 모른다는 생각을 하니 인생이란 참 짧고 허무하게 느껴졌던 적이 있다.

서울에 이사 와서 7년 만에 작은 아파트를 장만했다. 한창 꿈에 부풀어 집안 꾸미기를 하고 있을 때 1층에 사는 그녀가 3층에 사는 우리 집을 찾아왔다. 뽀오얀 피부 세련된 말씨 도회적인 여인은 전형적인 서울 사람이었다. 알고 보니 우리는 같은 안가로 종씨였다. 그녀의 둘째 딸과 우리 둘째가 동갑내기로 친구가 되고 우리집과 그녀의 집은 급속도로 친해졌다. 없으면 안 될 정도로 붙어 다녔고 같이 하는 시간이 참 많았다. 한강의 유람선도 그때 처음 타보면서 어른들이 낄낄대던 기억이 새롭다. '공장 부도', '땡처리'라고 소리치면서 팔았던 티셔츠도 젊은 두 여인이었기에 가능했고 부끄럼 없이 용기 내어 할 수 있었는지 모른다. 그런 일상들도 지금은 가끔 헤집어 내어 이야기하는 추억거리가 되었다.

그 당시 그녀의 큰딸은 예술고등학교에 다니고 있었는데 정말 눈부시게 예뻤다. 학교에서 연극 주인공을 맡은 큰딸을 위해 그녀가 손수 만들어 준 웨딩드레스에 반짝이는 스팡크를 밤새 같이 붙인 적도 있다. 솜씨 좋고 지혜롭고 나무랄 데 없는 그녀였지만 들은 애기로는 가정사가 그리 평탄치는 않았다고 했다. 많은 추억을 남기고 2년 뒤 그녀는 이사를 갔다. 참으로 서운하고 슬펐다.

그 후 이사 간 집을 방문했을 때 그녀의 친정아버지를 통해 알게 되었는데 서울과 대구에 떨어져 살고 있긴 해도 집안 어른들끼리는 서로 교류도 있는 친척이었다. 그때 그녀의 친정아버지를 만나지 않았다면 영원히 모르고 지나갔을 일이었다. 바쁘게 살면서 큰일만 서로 챙기고 안부만 묻고 살았는데 그녀의 큰딸이 S방송국 공채 탤런트가 되고 드라마 주인공을 하고 연말 연예인 대상을 받는 TOP STAR가 되었다. 나의 일처럼 기뻤고 진심으로 축하해 주었다.

소식이 뜸하던 어느 날 그녀의 둘째 딸이 대학교 다닐 때 우리 아파트 노인정에 봉사활동을 나왔다가 우리 둘째와 아파트 입구에서 딱 마주친 날 이후 아이들 둘은 다시 연락하게 되었다. 아이들은 자랐고 제 갈 길을 열심히 살아냈다.

어린 시절 부모들이 출타했던 어느 날 낡은 아파트 1층에 갑자기 쥐가 들어와서 두 집 자녀 다섯 명이 한 방에 오글오글 붙어서 무서워했던 날은 추억이 되었다.

　스타가 된 딸은 강남의 번듯한 고급 빌라를 사서 살고 있다. 그녀의 둘째는 전문직으로 있다가 결혼해서 아기 엄마가 되었다. 둘째의 지금 나이 서른셋. 다섯 살 때 만난 두 집의 인연은 아직도 진행형이다. 어릴 때 별명이 찡찡이었던 우리 둘째는 12살 띠동갑 스타 언니의 그림 선생이 되어 서로 도우며 그 집을 들락거린다. 양쪽 집안의 소식은 그 애들로부터 듣는 게 많아졌다. 둘째가 퇴근길에 언니의 엄마가 다리를 다쳐서 수술을 했다며, 전화해 보라는 연락이 왔다. 내친김에 전화를 걸어본다.

　30대 후반에 만나서 60대가 된 여인들이 어제 만났던 것처럼 긴 수다는 이어진다. 자기 다리 수술한 것을 어떻게 알았느냐고 했다. 우리 딸이 자기네 스타 딸 그림 수업하러 가서 들었다고 했더니 3대째 참 질긴 인연이라고 하면서 웃었다. 나이가 들면서 인연이란 것에 대해서 생각이 많아진다. 옷깃만 스쳐도 인연이란 말이 있다. 우리들의 인연도 그렇게 쉬운 인연은 아니란 생각이 든다. 며칠 전에도 둘째가 그녀의 둘째 집에 가서 예쁜 애기를 보고 왔다고 근황을 전해오며 관계를 이어간다.

　유럽의 인디언이라 불리는 아일랜드 켈트족 사이에서 인간은 수만 년 전 같은 흙에서 이웃하고 있다가 이 세상에 나와서 다시 만나면 매일 같이 있었던 것처럼 느낀다는 영혼의 동반자 '아남카라'라는 말이 계속 머리에 남는다. 부부의 연, 자식, 친구, 이웃으로 친해질 수 있고 그런 인연을 이어가는 것은 전생에 무언가가 있었다는 생각이 든다. 스쳐 가는 인연이라도 소중하다고 생각하는 순간… 갑자기 스마트폰에서 드드드 하면서 신호가 온다. 손자 부성이와 영상 통화를 하는 할머니의 입이 함지박처럼 벌어진다.

　손자 부성아 너는 어느 별에서 왔니?

(2016. 9)

촌뜨기의 비상

세상을 살다 보면 이만큼 이 자리에 살고 있다는 게 얼마나 다행이고 고마운지 모른다는 생각이 들 때가 많다. 국내든 해외든 여행이 자유롭고 생활 수준도 많이 좋아졌다.

몇 년 전만 해도 언감생심 꿈도 꾸지 못하던 여행도 자주 한다. 여행뿐만 아니라 국가와 국적을 아우르는 문화 속에 살고 있으니 다문화란 말도 생겨났다. 며칠 전에는 마음 맞는 지인들과 부여에 있는 연꽃을 보러 궁남지를 다녀왔다. 태어나서 그렇게 많은 연꽃을 보는 것이 처음이었다. 넓게 분포되어 있는 연꽃의 군락에 놀라고 또 다양한 꽃의 색과 종류에 놀랐다. 늘 새로운 걸 경험하고 눈이 호사도 하니 어찌 즐겁지 않으리오. 여행의 묘미를 차츰 느껴가는 요즘이다.

예전 새댁 시절 신랑 따라 서울에 왔을 때 그 당당했던 대구의 아가씨는 어디로 갔는지 동네 슈퍼마켓에 물건을 사러 갔는데 경상도 사투리가 부끄러워 크게 소리내어 말도 못했던 시절이 떠오른다. 그렇게 적응하고 살면서 학부모가 되어 어머니회 활동을 하게 되었다. 막내인 네 살배기 아들을 데리고 어머니들만의 관광을 갔다.

마이크를 잡고 사회를 보는 어머니는 유명 MC보다 더 유창한 말솜씨며 기성 가수 뺨치는 노래 실력, 음악에 맞춰 춤을 추는 춤솜씨를 가졌다. 현란한 몸동작은 우물 안 개구리로 살아온 촌뜨기를 기죽이기 충분했다. '난 참 바보처럼 살았군요.'라는 유행가 가사를 수도 없이 되뇌이던 때도 있었다. 약고 닳아빠진 척 해보지만 지나고 나면 실수투성이 어리숙한 내가 우스울 때가 많다. 서울에서 살아온 세월이 생에 반도 더 넘었건만 억센 고향 사투리도 버리지 못하고 몸에 배인 습관도 그대로 안은 채 살고 있다.

그러나 누구를 만나느냐 어떤 친구나 이웃을 만나느냐에 따라서 많은 차이가 있다고 생각한다. 우리나라 수도인 서울은 인구 천만이 넘는 대도시며 경제, 사회, 문화, 스포츠의 중심지다. 그

수많은 사람 중에 알고 지내는 사람이 몇이나 될까? 그 소수의 한 분이 나를 불러 주셨다. 「다문화인을 위한 우리말 회화」란 프로그램으로 관악 FM에서 방송을 하는 분이다. 수필을 배우면서 인연을 맺었고 얼마 전 연꽃 구경을 가면서 다시 만났다. 그리고 며칠 뒤 메일을 열어 보라는 문자를 받았다. 스튜디오로 초대를 받은 것이다.

 질문에 답하는 형식으로 진행할 거라며 방송실로 찾아오라고 했다. 촌뜨기의 비상이 시작되는 날이다. 처음 와보는 녹음실 여러 대의 기계와 얼키설키 얽혀 있는 유선들, 헤드폰과 마이크… 직접 대하는 녹음실은 모든 게 신기했다. 약간의 긴장 속에 차를 마시는 시간이 주어지고 오랜 아나운서 경력의 선생님은 팔순이 가까워진 연세에도 똑 부러진 발음과 음성으로 집에서 준비해 온 원고로 진행을 하신다. 생활 속에 일어난 일들을 글로 적어 오셔서 다문화 가정을 위해 알아듣기 쉽게 부연 설명도 하시고 최선을 다해 일하시는 모습이 너무나 보기 좋았다.

 나의 차례가 되었다. 헤드폰을 머리에 이고 인증샷도 찍고 마이크를 당겨 폼도 재보니 나이 따라 세월 따라 뻔뻔해진 내가 낯설기도 하다. 음향 기기는 다문화 가정인 필리핀 여성이 맡고 있다. 모두가 대단해 보인다. 이 나이에 모르는 것도 경험해 보지 않은 거 천지다. 큐 사인과 함께 녹음은 시작되고 멘트와 흘러간 가수의 노래를 삽입하여 녹음이 시작됐다. 노련하게 풀어가는 선생님 덕분에 녹음을 무사히 마쳤다. 말로 듣는 것과 직접 경험해 보는 것은 많은 차이가 있다. 그래서 요즘 교육 방식은 현장학습을 많이 하고 체험을 하는 것이라는 생각이 든다.

죽을 때까지 배우라는 말이 있다. 이 방송을 접하는 다문화인이나 처음 수필을 배울 때의 내 모습이 같다는 생각이 든다.

평생교육원에 문을 두드릴 때는 배움을 등진 지 수십 년이 지났고 아무런 조언도 분위기도 알지 못했다. 둘째에게 등 떠밀려 왔을 때 삼각지 4호선 역에서 6호선 갈아타는 것부터 교육이 시작되었다. 주객이 전도되었다. 입 앙다물고 두 주먹 불끈 힘주어 쥐고 완벽주의를 외쳤던 엄마는 새로운 도전 앞에 힘없는 순한 양이 되어갔다. 가르쳤던 엄마가 배우는 엄마가 되었다. 아이 걸음마를 시킬 때처럼 하나하나 일러준다. 딸은 염려스러운지 강의실까지 바래다주며 파이팅을 외친다. 드디어 강의실에 발을 들여놓았다. 내 나이가 제일 많은 줄 알고 걱정했는데 교수님부터 수강생이 모두 아줌마라서 안심이 되었다.

자기소개 시간이 되었다. 정말 여러 사람 앞에 서서 이야기하는 게 언제였는지 기억에도 없다. 소개할 때 할 말은 많은데 머리는 하얗게 백지가 되어 언제 어떻게 끝났는지 부끄러워 몸 둘 바를 몰랐다. 남들은 말도 매끄럽게 잘하는 것 같았다. 그렇게 수필을 배우고 익혔다.

자국에서 태어난 우리도 새로운 도약을 할 때 이럴진대 이번 다문화 가정이란 프로를 접하고 그들에게 한 걸음 다가서서 바라보니 고충과 애환이 얼마나 클까. 낯설고 물설은 타국에서 무척 힘들고 어려울 것이란 생각이 든다. 나이와 국적을 떠나서 자신감을 갖고 배우고 도전하면 같은 이웃이 되어 어깨를 나란히 할 날이 오지 않을까란 생각을 해보며 생각만 해도 얼굴이 화끈되는 촌뜨기 시절이 떠오른다.

시골에서 서울로 와서 적응을 못 하는 것과 같이 다문화란 여러 나라의 문화 그리고 더불어 살아가는 문화를 뜻한다 하니 각자 올챙이 적 시절을 생각하며 다문화 가정 그들에게 먼저 손을 내미는 따뜻한 정을 베푸는 사회가 되어야 한다고 생각해 본다.

(2014. 7)

6부

야야, 친했고 말고

야야, 친했고 말고

　반백 년 만에 숙이와 연락이 닿았다. 자식들의 혼인 문제로 서울 하늘 아래 함께 살고 있는 친구와 통화를 하다가 숙이의 연락처를 알게 되었다. 아이들 키우고 먹고 살기 바쁘다 보니 잊고 산 세월이 이리도 길었다. 한세상 살고 나니 동창회니 동문회니 친구 찾기가 유행처럼 번지고 있었다. 아니 진작부터 찾고 만나는 걸 알면서도 모른 채 나 혼자 뒷걸음질 치며 애써 외면하고 살았는지도 모른다.

　이렇게 쉽게 할 수 있는 전화 통화를 50년 만에 하다니 수화기 너머의 그 목소리는 12살 어릴 적 소녀를 떠올리며 대화를 하고 있었다. 지금의 모습은 상상 속의 그녀일 뿐이다. 서울에서 만나 자는 연락을 받고 꿈만 같아 모처럼 밤이 길게 느껴졌다.

숙이도 날 잊지 않고 있었구나. 생각이 거기에 미치자 뛸 듯이 기뻤다. 애써 기억의 창고에서 끄집어내지 않아도 어제 있었던 일 같이 또렷이 생각나는 기억의 편린들이 파노라마처럼 펼쳐진다.

숙이와의 인연은 초등학교 1학년부터 5학년까지가 마지막이었다. 5년을 줄곧 같은 반이 되었다. 눈만 뜨면 같이 붙어 다녔고 등하교도 늘 같이하였다. 노란 햇볕이 내리쬐는 장독대 옆에서 꽃잎 찧은 꽃덩이로 소꿉놀이도 하고, 추수철에는 볏짚 더미 속을 옮겨 다니며 해지는 줄 모르고 숨바꼭질도 하곤 했다. 방과 후 붓글씨도 주산도 같이 배웠다. 그렇게 유년 시절은 흘러갔다. 5년을 함께 했지만 말다툼 한번 하지 않은 걸로 기억한다.

어린 마음에 한 번의 인연은 영원할 줄 알았다. 고등학교에 다니는 언니, 대학교에 다니는 오빠들 시골 동네에서는 구경하기도 어려운 빤짝이는 황금색 색소폰과 세고비아 기타. 흑백 건반이 가지런한 풍금이 놓여 있는 집 등, 그때 그 시절에는 모든 걸 다 가진 친구였다. 까맣게 튼 손으로 팽이치고 구슬치기 하던 내 남동생들과는 비교도 안 되는 도시내 풍기는 하얀 얼굴을 한 오빠들 추운 겨울날 빨갛게 언 복사꽃 볼을 한 동생을 업고 돌보지 않아도 되고 마음대로 뛰어놀 수 있다는 게 그렇게 부러울 수가 없었다. 지금 생각해 보면 젊은 나의 엄마가 숙에게는 부러울 수도 있었겠지만 그 당시 내게는 모든 게 부러움의 대상이었다.

그 집은 늘 정갈했다. 반짝이는 햇살도 마당의 꽃들도 모두 고급스러워 보였다. 수재 소리를 듣는 언니 오빠의 보살핌을 받으며 막내로 자란 숙이는 늘 전교에서 일 등을 했다. 5학년이 되도록 그 벽을 허물지 못하고 2등에 만족해야 했고, 6학년이 되어 반이 갈렸다. 괜히 슬펐고 안타까웠고 보고 싶고 그리웠다. 한 반이 되지 않으니 모든 게 어긋나기 시작했다. 한번 가지 않으니 그 집에 발을 들여놓기가 쉽지 않았다. 담장 위 호박이 익어가고 접시꽃이 담장 위로 한 뼘이나 자랐어도 숙이와는 더 이상 가까워지지 않았다. 낮은 그 집 울타리가 내 눈에는 높아만 보여 숙이는 만날 수 없는 마법의 성에 갇힌 공주처럼 느껴졌다.

그 집 앞을 지날 때면 그리움에 목말라 짝사랑을 하고 있는 내가 초라하게 느껴지곤 했다. 마음은 바람 동굴을 지고 있는 듯 늘 허했다. 소녀의 열병은 끝나고 세월이 흘러갔다. 숙이가 대구의 일류 중·고등학교를 졸업하고 K대 사범대 영문과에 합격했다는 소식과 고향에서 영어 선생님을 하고 있다는 소리를 들었다. 그때는 더 이상의 관심도 남아 있지 않았다. 서로가 다른 인간관계 맺기를 하며 바쁘게 살아가고 있었고 길이 너무나 달랐으므로 당연한 결과라고 생각한 기억밖에 없다.

강산이 다섯 번 변한 오늘 서울역 대합실에서 숙이를 만난다. 정말 궁금하고 설렌다. 날씬하고 매끈한 피부는 그대로일까? 차창에 어리는 60줄에 든 내 모습을 보며 자꾸만 상상의 나래를 편다. 이성간의 첫사랑은 만나지 말라는 말이 있다. 그만큼 실망이 크다는 것이다. 하지만 이 경우는 다르다. 아마 감격이리라. 알아볼 수는 있을까? 두근거리는 가슴을 진정하고 대합실 출입문을 밀었다. 한참을 두리번거리며 찾았다. 서울에서 가끔 만나는 낯익은 친구가 아니었으면 못 알아볼 뻔했다.

이산가족이 상봉하듯이 만남이 이루어졌다. 포옹을 하는 어깨가 얇아진 게 느껴진다. 60여 년의 세월이 내려앉은 탄력 잃은 얼굴이 내 앞에 있다. 눈물 나게 부러워했던 친구가 희끗희끗 하얀 서리를 머리에 이고 마주하고 있다.

나를 알려면 친구의 얼굴을 보라는 말이 있다. 내 얼굴도 그만큼 주름이 패었겠지. 반가워서 웃었고 허망해서 웃었고 세월이 미워서 웃었다. 부도 명예도 나이 앞에서는 맥을 못 추는 게 인생이다. 뒤 손님이 기다린다는 식당 주인의 나무람을 듣고서야 자리를 떴다. 커피숍으로 자리를 옮긴 우리는 못다 한 50년의 회포를 풀었다.

　90세에 세상을 뜨신 숙이 엄마 이야기, 자녀 이야기, 잘하는 게 공부밖에 없었다는 겸손한 숙이는 대구의 어느 고등학교의 교장 선생님으로 재직하고 있었다. 그만하면 내 기준에서는 출세한 인생이라 말하고 싶었는데. 숙이는 나를 부러워한다. 서울에 살고 있어서, 자녀가 셋이라서, 예나 지금이나 씩씩해서. 2시간의 만남은 너무나 짧았다. 건강하니 만났고 살아 있으니 만났다. 내가 건넨 자그만 선물을 가느다란 목에 걸고 또 만나자며 아쉬움을 남기고 숙이는 하행선 열차에 몸을 실었다.

　50년 전 순수하고 우울했던 내 감정을 전화로 확인하고 있었다.
　"숙아, 우리 옛날에 친했재?"
　"환아, 야야 말해 뭐하노. 친했고 말고."
　"우리 옛날에 친한 거 맞재?"
　"말해 뭐하노 말이다. 친했고 말고."
　교장 선생님이 된 친구의 고향 사투리가 구수하게 느껴진다. 아직 겨울 한가운데건만 목덜미를 스치는 바람은 훈훈했다.

(2014. 1. 23)

호두

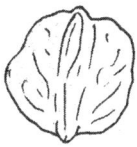

예전 서울에 일이 있어 올 때 열차를 이용할 때면 "천안의 명물 호두과자, 호두요! 호두"라고 외치며 객차 사이를 누비며 팔러 다니던 홍익회 직원이 있었다. 지금도 고속도로 휴게소를 지날 때면 달콤 고소한 냄새를 풍기는 호두과자를 즐겨 사먹는다. 많은 음식과 상품을 판매하는 휴게소지만 예나 지금이나 휴게소의 상징처럼 여겨지는 게 호두과자다.

지난해 11월 제주 관함식(해상사열)에 초대되어 갔었다. 1박 2일의 제주도 투어가 우리들을 설레게 했다. 가게에 있는 작은 선물을 준비해 갔다. 남자회원들에게는 돌돌 말아 최소한 부피를 줄인 양말을 노끈으로 리본을 만들어 살짝 묶어 준비했고 여자회원들을 위해서는 화장품을 담을 수 있는 작은 파우치를 준비했다. 내 손에서 떠난 선물은 받는 사람이 흐뭇해하고 잘 애용하면 그보다 더 좋을 수가 없다는 마음을 가지고 있다. 대가나 무엇을 바라는 마음은 추호도 없다는 것이 내 진심이다.

그 뒤 12월 송년회 때 만난 남자회원 한 분이 가방에서 슬그머니 크기가 다른 호두 두 알을 손에 쥐어 주었다. 양말을 받은 답례였다. 한 켤레의 양말을 꽤나 마음에 들어 했었다. 여러 사람들의 모임이니 남의 눈도 있고 해서 다음에 묻기로 하고 얼른 가방에 집어넣었다. 딱딱한 껍질을 한 호두 두 알을 손바닥 안에 넣고 맞부딪쳐 굴리면 혈액 순환이 잘된다는 것쯤은 알고 있었다.

며칠 뒤 예사 호두가 아니라는 생각이 들어 호두에 대한 내력을 알고 싶다는 메시지를 보냈더니 답이 왔다.

"법제 방식이 있어요. 찌는 방식과 담그는 방식. 저는 형편상 담그는 방식을 택하였지요. 안동 들기름에 일주일 담근 후 석 달을 응달에서 건조하기를 다섯 번 거칩니다. 이렇게 해도 100년 이상 견딘다는군요. 박물관에 전시된 호두알은 300년 이상 건재합니다. 저는 찌고 태울 수 있는 형편이 안 되어 담근 것입니다. 왕실 주치

의들이 그리하였다는데요. 우선 몸에 해를 주지 않고 혈액 순환과 신경을 건드려 뇌를 깨우치며 부딪칠 때 내는 작은 소리가 심장과 귀로 전달되어 인체를 젊게 유지하는데 플러스가 된다고 합니다."
– 중략 –

'사실 만드는 게 쉽지 않아요. 선풍기나 햇빛에 말리고픈 충동을 느낍니다'. 잡스런 생각이 나실 때 굴러 보시면… 특히 글을 쓰시는 분들은 필의 감각을 살려 준다는군요.

"작은 호두알을 찾지 못하여 큰 것으로 했는데 조만간 작은 것이 구해지면 다시 할 것입니다. 2년 후가 완성 시점입니다."

그리고 성종의 어머니인 인수대비는 집에서 공부할 때 호두를 노리개로 쓰면서 여러 권의 책을 썼다고 한다. 직계 할머니인 인수대비의 언니도 90세 가까이 잔병치레 없이 무병장수했다는 말을 덧붙였다.

"황금 호두알 고맙습니다."라는 답을 보냈다.

짝이 맞지 않는 호두 두 알이 큰 감동으로 다가왔다.

호두는 원산지가 중동지방으로(고대문명의 발상지 메소포타미아) 중국을 거쳐 13세기경 우리나라에 들어왔다. 원래 이름은 호도(胡桃)였다고 한다. 호는 오랑캐를 뜻하는데 이 말은 중국을 낮추어 부를 때 썼다고 한다. 열매 모양이 복숭아를 닮아 복숭아 도(桃)로

불리기도 하다가 점차 호두로 불리어졌다고 한다.

호두는 최고의 견과류로 각광 받고 있다 불포화 지방산 ,미네랄이 풍부하여 면역력을 높이고 심혈관 질환, 항암, 당뇨에도 효능이 있다고 알려져 있다.

2년여 걸려 만든 기름 먹은 호두를 선물 받은 시기가 겨울이었다. 주머니 속에서 달그락거리며 내는 소리를 즐기고 손바닥 위에서 쥐었다 폈다 하는 운동을 했다. 봄이 오고 여름이 되면서 손바닥 안에서 놀던 호두는 작은 주머니에 넣어져 핸드백 속에 잠들게 되었다. 주머니 달린 옷을 입는 계절이 오면 열심히 호두를 굴러 혈액을 움직여야겠다.

호두 이야기를 하다 보니 몇 년 전 발칸반도 슬로베니아 여행 때 세계에서 2번째 긴 동굴 포스토이나 동굴을 빠져나와 경쟁하듯이 머리가 예쁘고 빨간 무당벌레가 붙은 호두까기 인형을 선물로 사 온 생각이 난다. 호두를 깔 때 다용도실 바닥 타일에 대고 망치로 깨면 속 알맹이가 산산조각이 나기도 하는데 호두를 호두까기 인형에 잘 맞추어 머리를 잡고 뱅뱅 돌리면 딱딱한 껍질과 속이 잘 분리되는 신기하고 앙증맞은 나무 인형이었다. 같이 공부하는 선생님들께 선물로 돌렸더니 일부러 호두를 사서 까먹었다는 선생님의 환한 얼굴이 떠오른다.

100년 이상 쓸 수 있다는 귀한 호두를 잘 간직하고 후손에게도 물려주고 싶다는 생각을 해보는 날이다.

  앞으로는 호두의 겉과 속을 더욱더 사랑할 것 같은 생각을 하고 앉아 있는데 손자 부성이가 들어온다. 고개를 끄떡하고 인사하더니 내 손 안의 호두를 냉큼 들고 돌아선다. 작은 손안에서 달그락거리는 소리가 경쾌하다. 그래 임자에게 갔으니 이제 됐다. 손자를 기다리는 친구 얼굴이 떠오르며 자꾸만 입이 벙그러진다. 모레 고속버스 휴게소를 지날 때는 잊지 않고 저 아이에게 호두과자를 사다 주어야겠다.

(2019. 8)

스킨십

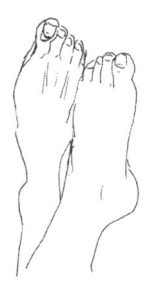

오랜만에 스물일곱 먹은 다 큰 둘째 딸이 맨발을 들이민다. 살짝 자란 발톱을 다칠세라 돋보기를 끼고 톡 톡 톡 정성스레 깎아준다. '신체 접촉' 어떤 의미에서는 불경스럽기도 하고 나쁜 뜻으로 쓰이기도 한다. 부부나 사랑하는 연인 사이는 더없이 아름답고 신성할 수 있다. 인간이란 엄마 배 속에서 탯줄을 자르고 세상에 빛을 받아들이는 그 순간부터 엄마와 자식이라는 이름을 달고 하나의 인격체를 형성해간다. 세 아이의 엄마가 되었지만 바쁘다는 핑계로 살갑게 보듬어 주고 예쁨을 주는 것에도 인색한 엄마이다.

몇 해 전 노인 병동에서 이승과 저승을 오락가락하는, 처음이자 마지막으로 친정어머니의 변을 정리해준 적이 있다. 꺼이꺼이 목울대를 비집고 올라오는 울음을 반 울음으로 대신하고, 가슴에 비수가 되어 콕콕 박히는 이 불효 여식은 무엇으로 보상하나? 돈 들이지 않고 흔하게 할 수 있는 어깨나 다리 주무름도 한번 해드리지 못한 못난 딸이다. 받을 줄만 아는 이기적인 독선인 육체의 아픔도 가슴속의 슬픔과 외로움도 엄마의 몫으로 치부하고 평생을 통해 아무것도 못해 드리고 어머니를 떠나보냈다. '사랑이란 내리사랑이다'라는 말에 못난 심보를 포장해 본다.

부모한테 못한 정성 자식들한테라도 쏟아볼까 할 때는 이미 장성하여 남친, 여친 찾으며 부모의 손길이 부담이 될 수도 있다. 주고받는 사랑도 신체 접촉도 시기와 때가 있다. 상사가 부하직원의 발을, 남편이 아내의 발을 정성스럽게 씻어주는 프로를 본 적이 있다. 신체 접촉이 서로를 존중하게 되고 소중함을 알아간다는 가슴 뭉클한 내용이었다.

고만고만한 아이들이 어릴 때 삼 남매를 불러 모아 발톱을 깎아줄 때가 종종 있었다. 깨끗이 정리된 아이들의 발톱을 보며 묘한 희열과 내 품 안의 자식이란 뿌듯함에 엄마로서의 소명을 다한 것 같은 착각에 빠진 때도 있었다. 그 발톱 깎기는 아마도 아이들이 자라 고등학교 때까지 계속되었던 것 같다. 아이들의 성장 과정에서 조그마한 엄마의 정성 중에 잘한 행동의 하나로 꼽아본다.

"우리 엄마는 아직도 우리 발톱을 깎아 준다."고 친구한테 자랑스레 이야기하는 것을 들은 적이 있다. 그 이야기는 바쁜 우리 엄마가 우리한테 소홀하지 않고 아직도 사랑을 받고 있다는 간접적인 표현이라 생각된다. 무언 속에 정이 뚝뚝 묻어난다. 독립하고 출가하면 발톱 깎는 기회가 몇 번이나 주어지려나?

딸은 나름대로 바쁜 일상 속에 예전 발톱 깎기 시절을 떠올리며 행복해하는 것 같았다. 손은 여전히 컴퓨터 자판기를 두드리면서….

돈을 들이면 네일아트라고 손톱, 발톱을 다듬고 색을 입히고 그림을 그리고 마사지를 받고 손발이 호강하는 세상이다. 손톱을 맡기는 손님이나 주인이 맞잡은 손에도 교감이 통하고 친밀감이 든다니 정상적인 신체 부딪힘은 정말 소중하다는 생각이 든다.

와! 와! 월드컵의 열기가 뜨겁다.

베개를 안고 온 아들이 엄마를 사이에 두고 아빠랑 응원에 열중이다. 오늘도 우리 옆에서 잘 모양이다.

가끔 다 큰 아들이 안방을 찾아와서 같이 잘 때가 있다. 그 작은 기억 하나가 가슴 뭉클 다가옴은 헤어짐에 익숙하지 못한 내 탓인가? 식구들이 한방에 뒹굴고 수다 떨며, 부대끼며 지내던 때가 그립다.

사랑도 칭찬도 습관이다. 더 많이 사랑하고 더 많이 보듬어 주어야겠다. 오늘도 아들의 튼실한 다리를 툭툭 건드려 본다. 자식 잘못 키우지 않았구나 하는 자위도 해보면서 아들의 뭉툭한 발톱을 들여다본다.

(월간 『수필문학』 초회추천 당선작 2012. 1)

한 방울의 눈물

　사람은 살아가면서 누구라도 죽음의 공포를 느끼며 사후의 세계를 그려 보기도 한다. 부음을 받고 슬퍼하기도 하고 허무함에 그 사람의 생에 대하여 며칠을 곱씹어 생각하다가 세월이 흘러 자신의 현실에 젖어 희석되며 잊혀간다.

　연일 보도되는 사건 사고의 자살과 타살은 경악을 넘어 인간이란 한계의 정점은 어디일까? 입에 담아 나열하기도 끔찍한 일들이 기삿거리가 되어 넘쳐난다.

　부모님께 물려받은 육신을 종잇장처럼 가벼이 여겨 스스로 생을 마감한 사람이나 남의 고귀한 목숨을 빼앗아 버린 짐승보다 못

한 이들도 있다.

고등학교 방학 때 외가에 다녀온 딸애가 엄마! 외할머니 친구들이 모여서 대화 중에 죽음의 공포에 대해서 말씀들 하시는데 외롭고 힘들어 보여서 무척 슬펐다고 한 적이 있다.

'잠자는 척 누워 있는데 눈물이 막 났어요.'라는 것이었다. 아이들의 감성이 그럴진대 모르쇠로 일관한 엄마는 친정어머니의 죽음을 맞이하고서야 가슴속 깊이 먹먹하게 통증을 느꼈다. 깊은 외로움과 두려움도 헤아리지 못했으니 한참 철없는 딸이란 생각이 든다. 어차피 혼자서 가야 하는 무섭고 힘든 길이라 단순하게 생각했다.

양가의 부모님을 다 떠나보내고 나니 이제 고아네 하는 지인의 말이 실감 날 때는 너무 멀리 와버린 내가 되어 있었다.

퇴근한 며느리를 잡고 "애미야! 간밤에

내 꿈자리가 왜 이리 사납노?"

하면서 물으시는 어머님의 말을 일축하고

"뭘요? 이제 늦은 밤인데요. 개꿈인가 봐요"

그런가? 하시며 수험공부하던 큰손녀 딸 전기스탠드 불 밝혀 주고 그 길로 돌아오지 않는 먼 길을 떠나신 어머니. 그 밤 화장실에서 식은땀으로 목욕하고 큰손녀 딸 호야를 부르며 주저앉아 버린 어머님, 응급실로 실려 가신 어머님.

정신 줄 놓아 버린 며느리만 남겨두고 운명을 달리하셨다.

다급해진 의사 선생님의 심폐소생도 무시하고 심장 박동의 그래프는 일직선을 그리고 있었다. 밖은 추적추적 초겨울비가 스산한 마음과 함께 내리고 있었다.

엄마! 엄마! 시어머니의 품에 안겨 울어대는 며느리의 애절한 울음만이 병실 안을 흔들어 대고 있었다. 너무나 갑작스런 죽음에 혼자서 해결해야 할 일은 산더미 같은데… 이미 삶과 죽음을 갈라놓은 죽음의 저편에서 어머니의 얼굴에 눈물 한 방울이 흐른다. 어머님의 한이었을까? 이 세상 하직하기 싫은 미련의 눈물이었을까?

당신이 가실 줄도 모르고 불길한 꿈 이야기를 자식이 염려되어 하셨을까? 저승사자한테 온 죽음의 예고장이었을까?

세상에 올 때는 알아도 가는 날은 모른다고 한다. 납득하지 못한 죽음은 운명으로 눙쳐 버리곤 한다. 수많은 삶과 죽음을 만났지만 내 생애 눈으로 보고 직면한 죽음은 최초였다. 눈물 한 방울의 수수께끼를 남기고 떠나신 어머니, 어디에다 물어봐야 하나요?

호스피스 병동에서 딸의 결혼식 아침에 죽음을 맞이한 어느 환자의 눈에 눈물방울이 맺혔다는 이야기는 흔히 있을 것 같지만 이는 자연 현상인지? 감정에 의한 것인지? 과학적으로는 판명이 안 된다고 한다. 사람이 죽는 순간 분비현상은 멈추고 몸무게가 생전보다 21g 가벼워진다고 한다. 그건 빠져나간 영혼의 무게란 사람도 있지만 과학적으로는 탈수현상 때문이라 한다. 죽음은 혼자 떠나는 것으로 삶은 못 가지고 간다. 부모님이나 형제, 자매 배우자와의 영원한 이별은 어떤 위로와 말도 위안이 되지 않는다. 갖가지 사연과 아쉬움을 남기고 죽음을 맞이한다.

허리 수술 후유증으로 굽은 등이 되신 어머니는 아버님이 마지막으로 선물하신 고급 안경과 잘 다듬어진 지팡이로 몸을 지탱하며 다니셨다. 젊을 때 어머님은 천하를 호령할 것 같은 기 센 어머니셨다고 했다. 세월 따라 며느리 말 존중하고 젊은이들 이해하고 굽은 등으로 손자녀 잘 챙기시던 신세대 어머니셨다.

마지막이 서러워 많은 눈물을 주셨는데 마지막 가시는 길 영안실 냉동 캐비닛에서 나온 어머님은 한 방울의 눈물도 마른 단아하고 고운 얼굴이셨다. 일찍이 보지 못했던 평안이었다. 기역자 허리 일자 허리 되어 누워 계신 모습은 이승의 온갖 시름 다 털어내신 고요 그 자체였다. 연지곤지 찍고 빗 자국이 선명한 머리 곱게 빗어 넘기고 예쁜 꽃신 신겨 염습 끝내니 그나마 죽음이 비참한 종말이 아니라는 안도가 밀려온다. 무신론자인 며느리의 눈에 또 왈칵 눈물이 쏟는다. 험한 세상 잊으시고 편히 가세요.

어머님이 떠나신 지 엊그제 같은데 벌써 15주기가 되었다. 죽은 사람이 꿈에 보이면 길몽일까? 흉몽일까? 여러 설이 있는데 우리 어머님은 꿈에 자주 보이기도 하고 같은 이불 속에 식구들과 나란히 누웠다가 일어나기도 한다. 평상시와 같이 일상생활을 하는 것 같을 때가 많다. 그래도 별다른 변화는 못 느끼고 살고 있다. 임종도 못 지킨 불효자식 남편의 꿈에는 한 번도 나타나지 않는다고 안타까워하기도 한다.

돌아가신 어머님을 위해 기껏 할 수 있는 것은 일 년에 두 번의 명절 제사와 기제사 한 번밖에 없다. 기억해줄 수 있는 온 가족이 모여 소박하지만 정성스럽게 제사상을 차렸다. 남편과 아들, 사위 세 남자가 열심히 절을 한다.

각자의 소망을 구걸하는지? 영혼을 위로하는지?

마지막 묵념을 끝으로 한지에 쓴 지방문이 불꽃 되어 사위어질 때 의식은 끝이 난다. 접시마다 담긴 음식을 조금씩 잘라내어 영혼이 가시는 길에 가지고 가시라고 문 밖에 놓아둔다. 노잣돈도 함께… 큰딸이 신랑을 불러 할머니께 노잣돈을 보태라고 한다. 밖에 비가 오니 우산을 함께 놓아 드려야 한다고 사위가 깜짝 발상을 한다. 살아 있는 자의 특권이다. 웃음이 나며 약간의 우울이 가시는 듯하다.

　먼 길 떠나신 어머님 편안히 계세요…

　꽃이 되었으면 연꽃이 되었을 것 같은 어머님!

　용광로보다 더 뜨거웠을 것 같은 눈물 한 방울의 의미는?!

(2011)

외면할 수 없는 나이

"관리실에서 주민 여러분에게 알려 드리겠습니다. 60세 이상 어르신께서는 점심시간을 이용하여 자장면을 대접하오니 관리실 2층에 있는 복지 회관으로 나오시기 바랍니다."

잘못 들은 것은 아닌가?

65세 이상 아니면 70세 이상이 아닐까? 가만히 나이를 셈해본다.

아니! 내년이면 공짜 자장면을 먹을 수 있는 자격이 주어진다. 먹는 즐거움보다 먹어야 하는 조건에 슬픔이 배어난다. 아직 젊은데… 노동력을 상실하지는 않았는데… 평소에 허투루 듣던 60이란 숫자가 가슴을 먹먹하게 한다.

드륵드륵 전화가 온다. 둘째 쩡아다.

"엄마 오늘이 월급날이에요. 엄마 통장에 약속한 돈 입금했어요."

'고맙다 수고했다 우리 딸'

엄마 아빠 힘들게 이만큼 키워주셨으니 자기 월급의 일부를 평생 동안 연금으로 지급하겠다는 갸륵한 딸이다. 아직은 받는데 익숙하지 않는데 급하게 조기연금의 수급자 반열에 오르게 되었다. 입금 계좌 번호를 가르쳐 달라는 딸에게 남편은 어떻게 고생하며 번 딸의 돈을 받느냐고 거부한 덕분에 남편의 몫까지 두 배로 받는 염치없는 엄마가 되었다.

그림이 하고 싶어 손이 간질댄다던 딸, 미술학원을 보내 달라고 조르다가 지쳐 유치원 때부터 받은 모든 상장으로 벽을 도배하고 무언의 시위를 벌이던 딸, 차곡차곡 모아 놓은 상장이 그렇게 많은 줄 그때 처음 알았다. 언니와 동생 틈에 끼워 늘 사랑에 목말라 투정을 부리던, 쩡아가 이젠 어엿한 사회인의 대열에 합류했다.

여고의 모교 교생으로 갔을 때 옛 선생님들이 "네가 웬일이야? 세상 오래 살고 볼 일이다" 했다는 말은 모범생과는 거리가 먼 딸이었던 것 같다.

원치 않은 휴학을 하였을 때도 아무렇지도 않게 흔쾌히 받아들인 쩡아! 그 무렵 미술 학도로서 유럽 여행을 계획하고 실행하면서 본인은 실전의 경험으로 만회하고 엄마 마음에 대한 이해와 위로도 포함되어 있지 않나 생각해본다.

"엄마는 우리를 방목해 키웠어요."

"그래서? 엄마가 관심과 사랑이 부족했다고?"

"아뇨 잘 키워주셨다고요."

세상의 어느 부모라도 방심해 보이지만 늘 더듬이를 세우고 보듬으며 지켜 본단다.

"엄마 난 언니처럼 여러 가지 가진 재주도 없고 아이들 가르치는 게 적성에 맞다고 교육학을 전공한다고 했을 때 내심 아득하고 두려웠는데 지금 생각해 보니 최선의 선택이 아니었나… 훌륭한 선택을 했다는 믿음에 대한 확신이 온다.

코 밑 수염이 거무스레 자리 잡는 학생들이 "예쁜 선생님, 안녕하세요?" 인사를 하면 한편에서는 "치-화장발이야" 하며 놀리기도 한다는 소리를 듣고 웃었지만, 사도의 길은 험난하지 않을까 걱정이다. 아직은 갈 길도 멀고 싹을 틔우는 단계지만 잘 해내리라. 용돈을 연금으로 이름 지어 받았지만 마음이 편치 않은 것은, 자식이란 부부와는 달리 받는데 길들여지지 않아서일까? 모든 걸 내주고 다 주어도 부족한 게 부모 마음이다. 일반의 투자는 되돌려 받는 투자이고 자식에게 하는 투자는 보상 없이 주는 투자였는데 감사하다며 내놓는 딸의 효도에 손이 오그라든다. 수입의 3분의 1을 뭉툭 잘라 보낸 통장의 금액을 보고 마음이 아리다. 능력이 되는 한 자기 몫으로 남겨 주겠지만 ….

빈곤 퇴치 저소득층에게 무담보로 대출해주는 그라민 은행(유누스 총재)에 먼지만큼의 기부도 하고 있는데…

먹어도 먹어도 살이 안 찐다는 말에 속아 감당할 수 없는 D라인의 몸매 종결자가 되었고, 세월을 먹어 휜 다리가 되어가는데 인정하고 싶지 않은 나이…. 받아들이는 겸손도 배워야겠지?

무료 자장면, 연금, 무임승차권, 경로우대증, 실버영화관.

낯선 단어들이 현실이 되어 다가온다.

나이는 숫자에 불과하다고 외쳐 보지만 외면할 수 없는 숫자의 형틀에 매이고 만다.

(쩡아의 두 번째 월급날 2011. 5)

결혼식

일가친척 되시는 분은 앞으로 나오십시오.

내가 설 자리가 맞나? 찍어도 되나? 잠시 망설이다가 옷깃을 여미고 옆 눈치를 살짝 보며 앞으로 나갔다.

사진사가 주문을 한다. 여자분은 내려서시고 고개는 이렇게… 모델이 된 우리는 한참 곤욕을 치른다.

사촌 시동생이 사위를 보는 날이다.

내 뒤에 선 우리 남편이 안 해도 될 말을 한다. 우리 가족이 상대편(사돈 쪽) 손님보다 많아야 한다고…. 그런 말도 몇 번씩이나 하면서 미처 나오지 않는 동생들을 소리쳐 부르기도 한다.

평소에도 친척이 많은 걸 은근히 자랑스러워하는 남편이지만 오늘은 애기처럼 경쟁을 한다. 손을 뒤로 뻗어 다리를 꼬집었다.

겨우 자리 잡은 원탁에 둘러앉아 뷔페식 식사를 하는데 혼주들이 돌며 인사를 한다. 옆자리에 앉은 낯선 세 명의 아줌마가 알고 보니 오늘의 신부 엄마인 동서의 옛 친구라고 소개를 한다.

남편이 또 나선다.

"아! 역시 제수씨 친구분들이셨군요. 그래서 미인들이군요."

칭찬은 고래도 춤춘다지만 그 자리에서 어울릴 말은 아닌 듯하다.

또 한 번 옆자리의 남편 허벅지를 꼬집어 브레이크를 걸어본다.

그래도 마음에 없는 소리를 또 한다.

남편은 안 해도 되는 과잉 친절을 베푼다.

기분이 엄청 좋은 날인가 보다.

이젠 나이도 나이인 만큼 체통 지키며 점잖게 나이 들어가면 얼마나 좋을까?

늙으면 지갑은 열고 입은 닫으라는 말이 있다.

남이 하면 불륜, 내가 하면 로맨스. 남이 들으면 재미있고 아내가 들으면 가벼움이 아닐까?

부부는 또 이렇게 부대끼며 살아간다.

(웨딩홀에서 2010. 3. 7)

7부

신식 사돈

큰사위

 즐거운 설날이다. 아들딸, 사위, 며느리 모두 모여 하하 호호 웃음꽃이 핀다.
 큰사위는 장가온 지 10년이 넘었다. 이제는 처가에 적응도 잘한다. 처음 큰딸이 남자친구가 생겼다고 소개하는 자리를 마련했다. 그 남자친구는 큰 키에 깡마른 몸매를 하고 밀리터리룩이라 일컫는(얼룩무늬) 사파리를 입고 나타났다. 양복 정장을 하고 핸섬한 젊은이를 기대한 첫 대면은 애초에 글렀다. 예술을 한다고 꼬랑지 머리를 안 한 것만도 감사해야 할 일이다. 내적으로는 패션을 디자인하고 활동하는 범위도 다양하다.

어느 해 명절 정장을 입고 딸 내외가 나타났다. 꾸깃꾸깃한 양복은 장 속에 처박아 두었다가 갓 꺼내어 입은 몰골이었다. 불편하다는 이유로 변변한 양복도 한 벌 없다. 이번 설날에는 한복을 입고 왔는데 너무 편하다고 사위는 앞으로 평상복으로 입고 싶다고 한다. 더 두고 볼 일이다. 진정 자유로운 영혼이다. 개구리복장은 지금도 여전히 현재진행형이다. 둘은 처음 인디밴드를 결성하여 음악을 하다 눈이 맞았다고 했다.

지구상의 인구가 70억 명이라 하는데 부부의 연은 하늘이 내린다는 말이 맞는 것 같다. 어쩜 그리도 잘 통하는지 신기하다. 둘이서 만난 인연을 들어보면 더 재미있다.

큰딸은 핸드폰이 대중화되고 친구 찾기가 유행하던 때 같은 연도에 태어난 같은 이름 찾기를 했는데 성과 이름이 똑같은 남자가 친구 신청을 해왔다고 한다. 갓 대학을 졸업하고 음악에 취미가 있는 그들은 '포터블 롤리팝'이란 이름의 인디밴드를 결성했다. 통기타를 메고 다니며 공연도 같이하고 페스티벌 하는 곳을 쫓아다니면서 마음껏 젊음을 즐길 때 지금의 사위(오상)를 만났다고 한다.

어느 날 딸이 생일이라고 받아온 선물이 지점토로 만든 두 사람을 표현한 인형이었다. 섬뜩할 정도로 실물과 닮아 있었는데 예술적인 손재주를 높이 사지는 못할망정 경제적인 능력을 평가하는 내가 한심해서 내 자신이 싫은 적도 있었다. 들리는 소문에는 직업도 없이 골방에 박혀 여자친구를 기다리면서 여자친구를 위해 노래를 만들고 기타를 두드리고 있다니 부모로서 한심한 마음은 이루 말할 수 없었다.

자라면서 한 번도 우리들을 실망시키지 않던 큰아이가 음악으로 통하고 작은 오토바이 뒤에 타고 다니는 게 신이 나서 만난다는 말에 놀라고 있는데 다니던 직장에 사표를 냈다는 소리에 가슴이 쿵하고 내려앉았다. 자식 가진 부모라면 자식의 배우자가 미래를 보장받는 반듯한 직장, 훤칠한 외모, 재력이 뒷받침하면 일등 신랑감이겠지만 그게 입맛대로 되는 일인가?

남자친구 어른들은 장사로 살림을 일군 분들이라 둘이 같이 하고 싶은 장사(일)를 해보라고 했다면서 걱정 말라고 엄마를 안심시킨다. 강하게 말릴 사이도 없이 상견례를 하고 가게를 얻고 전공을 살려 인테리어를 하고 인디밴드 시절 이름이었던 'portable lollipop'란 간판을 걸고 옷과 소품을 판매하는 매장을 열었다. 배짱과 용기, 젊음이 좋긴 하다.

    엄마! 엄마! 오상이 내게 청혼을 했어. 3층에 살고 있는 오상이 방문에 쪽지가 붙어 있었어.

'호야!! 2층 창틀에 가봐 - 2층 4번째 계단 밑을 봐 - 1층 우체통을 봐 - 내 하늘색 오토바이 앞주머니 속을 봐 -'

  그런 쪽지 글을 따라가다 보니 그 주머니에서 반짝이는 키가 나왔어. 하늘색 오토바이 옆에는 덮개가 씌워진 빨간색 오토바이가 있었어!

색깔만 다른 같은 회사 제품으로 몇 개월 걸려 주문을 하고 오토바이가 손에 들어온 날 청혼 이벤트를 했다는 거였다.

  둘은 야외에서 주례 없는 결혼식을 올리고 그림도 그리고 음악도 하면서 잘살고 있다. 룸펜이라고 폄하했던 큰 사위는 검소하고, 성실하며 부지런하여 나무랄 데가 없다.

  매장은 1호점, 2호점 …. 대리점도 늘어나고 원단으로 제품 생산과 원목 작업도 직접 한다. 대화의 공간인 작은 카페도 운영한다. 직장생활을 계속했으면 고액 연봉을 받을 수 있었다고 하는데, 후회하지 않고 지금의 삶에 만족하고 일이 좋아 일을 한다니 더 이상 토를 달 수가 없다.

  해외여행도 잘 다니고 빨강, 파랑 오토바이를 타고 다니면서 일도 열심히 한다. 아직도 아침에 눈 뜨면 알러뷰를 속삭이는 것으로 출발하는 딩크족 닭살 부부, 사위는 진국이다.   (2018. 2)

안 주사댁

 철 늦은 진눈깨비가 내려 찬바람에 옷깃을 세우며 걷는 행인들의 발걸음이 빨라진다. 반백 년 전 유년 시절의 그 겨울이 아슴푸레 한 추억이 되어 발목을 잡는다.
 '안수식씨 집 외 비행기 추락으로 몇몇 가구가 불에 탔다. 다행히 인명 피해는 없었고 병원으로 옮겨진 조종사는 사망하였음.' 1959년 매일 신문의 한 페이지를 장식한 기사였다.
 드르륵 쿵쿵 갑자기 흙벽에 균열이 가고 집이 무너져 내린다. 재봉틀을 돌리는 엄마 옆에 쫑알대던 나는 이웃집 할머니 네로 피신을 했다. 나를 안고 있는 할머니는 쉭쉭 요란한 비행기 소리에 또 난리가 나나 보다고 혀를 차신다.

　6·25를 겪고 나서 몇 년 지나지 않았으니 그러실 수도 있다. 삼촌이란 분의 목마를 타고 집에 오니 반쯤 날아간 집, 마당에는 타다 남은 가구며 옷가지들이 아직도 연기를 폴폴 날리고 있다. 떨어져 나간 문짝들…. 한 칸 남은 방에 급히 지급된 군용 담요와 군용 텐트로 칼바람을 막고 식구들이 옹기종기 모여 긴 겨울밤을 보낸 걸로 기억한다. 여섯 살의 철부지는 부모님의 걱정은 상관없이 달라진 잠자리만 신기해서 장난을 치며 놀았다.

　완파된 집은 새로 짓고 반파된 집은 초가집을 기와집으로 복구하였다. 힘차게 팔을 휘두르며 오르내리던 헬리콥터도 잦아들고 동네는 제자리를 잡아 안정이 되면서 비행연습 중 조종사의 실수로 추락한 비행기는 기억 속으로 사라져 갔다.

　작은 읍 군청 공무원으로 계시던 아버지. 그 사고 때문에 아버지의 이름 석 자를 알게 되고… 어찌됐든 내 영혼을 깨우고 의식의 밑바닥을 일으켜 세운 계기가 되었다. 한 번의 큰 충격으로 아버지를 알고 나의 기억이 시작되고 나를 알아가는 존재의 이유가 되었다.

　유치원을 다니고 남보다 먼저 한글을 깨우치는 5남 1녀의 양념딸은 아버지에게는 자랑거리였다. 늘 칭찬해주고 예뻐해 주시던 아버지였다. 나 또한 칭찬 받는 일에 소홀하지 않았다.

봄이 내리는 들녘을 망아지처럼 뛰어다니며 쑥 냉이 뜯어 물에 씻어 건져 놓았다. 자고 나면 나 잘났네 하고 고개 내밀어 한 소쿠리 파릇파릇 넘쳐나는 봄나물… "아빠 내가 뜯은 봄나물이야." 하면 아이고 "울 딸내미 최고야" 하며 칭찬하신다.

학교에서 그린 그림과 붓글씨를 아버지가 잘 보이는 벽에 걸어 놓고 칭찬을 기대하며 아버지의 퇴근을 기다린다. 반장 선거 때 감투를 쓰거나 성적표를 받아도 자랑하고 싶어 안달이 났다. 생각해 보면 너무 철없던 초등생이었다. 아버지의 칭찬이 자신감과 당당함이 되었고, 살아가는 밑거름과 재산이 되었으며 안 씨 특유의 고집과 자존심으로 자리하지 않았나 생각해 본다. 우리집을 사이에 두고 눈이 맞은 칠수와 옥이언니 욕심 많다고 흉을 볼라치면 여자는 샘이 많아야 잘산다고 하신 아버지!

아버지 흰 고무신에 작은 발 넣어 끌고 다니면 여자는 발 키우면 못쓴다고 염려하시던 아버지. 말 새겨듣지 않아 245밀리 육덕 발 만든 딸내미 살그머니 밤마실 다녀오면 동생들 시켜 누나 들어오지 못하게 해라 하시며 대문 걸어 잠그며 장난치시던 아버지. 홍옥, 국광 재래 품종 뽑아내고 개량종(부사) 심으시며 우리 딸 많이 먹고 시집가야 할 텐데 하시던 아버지. 요즘 흔한 여행도, 영화도, 전시회도 같이 가보지 않은 그 시대 그 시절의 아버지다. 딸의 잘못에도 큰소리 한번 치시지 않고 격려와 칭찬을 아끼시지 않던 아버지, 그 자상한 눈빛은 모든 걸 말해 주었다. 구김 없이 남을 배려하고 긍정적인 삶을 살아가라고…

청렴을 내세워 공직을 버렸다.

요즘으로 말하면 명퇴(명예퇴직)를 하신 아버지는 자전거에 낚싯대 매달고 집을 나서셨다. 지렁이 잡아 미끼하고 강태공 되어 피라미 낚아 따르릉따르릉 집으로 돌아오면 엄마 속은 시커멓게 멍이 든다. 육 남매 고스란히 엄마의 몫이 되었다. 책임 회피가 되어버린 아버지. 그래도 난 늘 어머니의 푸념은 잔소리가 되어 들리고, 속마음이지만 늘 아버지 편을 들었다. 졸업을 하고 직장을 가지면서 아버지와의 아름다운 기억은 추억의 뒤안길로 사라져 갔다. 풍을 맞고 반 수족을 못 쓰는 아버지가 나를 보며 이야기를 하셔도 초점 없는 눈동자는 반대편을 향해 있다.

자의든 타의든 직장을 잃으면 건강도 잃는다는 것을 아버지를 보고 알았다. 과묵하신 아버지가 돌아가신 후에야 알았다. 평소에 하신 한마디 한마디가 유언인 것을… 이성에 눈뜰 무렵 여자는 몸가짐을 조심해야 한다. 그 목소리도 세월 속에 묻혀 버리고 사위 큰절 한번 못 받아보고 어머니 아홉수에 과부 만들고 세상을 버리셨다.

아버지! 아버지가 이승을 버리신 나이보다 이제 더 많아진 딸내미 나이. 나를 아는 친정 동네 분들은 우리들 이름보다 안 주사댁 딸로 기억했다. 불러주는 이도 아는 이도 차츰 사라져가는 추억 속의 안 주사댁 겨울을 무색하는 쌀쌀한 봄바람 누런 황사가 봄을 시샘한다.

오늘따라 아버지가 즐겨 입으신 포근해 보이던 진밤색 코트가 생각난다.

(2012)

신식 사돈

캐리어를 빌려 달라는 둘째의 전화를 받았다. 시간 나는 대로 가져가라고 했다. 스위스로 여행을 간다는 소리에 가슴이 철렁했다. 지난해 가원이 7개월 때 태교 여행을 다녀왔는데 이번에도 두 번째 애기를 가진 걸 알았는데 여행이라니? 엄마로서 놀라지 않을 수 없었다. 어느 날 가원이를 데리고 와서 캐리어 대, 중, 소 세 개를 싣고 갔다. 배낭만 이용하던 아이들의 생활이 많이 달라졌다.

첫째는 딸을 낳아 엄마를 기쁘게 해주더니 스위스로 출국하기 이틀 전쯤에는 배 속의 아이가 아들이란 기쁜 소식을 전해주고 떠났다. 인천 공항에서 친할아버지가 겨우 걸음마 하는 가원이를 따라 다니는 동영상이 올라왔다. 시부모님, 둘째 딸 내외, 가원이, 배 속의 애기까지 3대 6명이 한 달간 여행을 가는 것이다.

'스위스에 무사히 도착, 스위스 융프라우, 취리히, 시르미오네에 있어요. 이탈리아 몬탈치노, 베네치오 비엔날레에 왔어요. 프랑스 파리 친구네서 한식 먹어요.'

'엄마! 아버님은 여행지마다 아빠 선물 때문에 고민이 이만저만이 아니세요.' 카톡이 바쁘다. 여행 떠나기 전 남편은 바깥사돈을 위해서 셔츠 두 개, 청바지, 청바지에 어울리는 벨트까지 맞춰서 선물을 했는데 그 옷만 입고 다니시면서 무척 좋아하신다고 한다. 공기업에 다니신 분이 정장만 입다가 평상복이 없을 거라며 남편은 가끔 옷 선물을 하였다. 마지막 프랑스 일정 일주일 전에는 우리 부부에게 파리에 와서 같이 지내다 오자고 초대하기도 하였다. 이루어지지는 않았지만 참 고마운 마음이다.

둘째는 아직 유럽 여행 중인데 큰애는 12년 동안 살던 집에서 이사한다고 한다. 인테리어도 새로 하고 전공을 살려 침대, 쇼파도 직접 만들었단다. 집들이 날 신혼집 같다고 탄성을 질렀다. 거실에는 둘째가 그린 그림 석 점이 걸려 있었다. 화두는 여행간 둘째네 이야기가 많았다. 결혼 전 무채색의 암울했던 그림이 결혼하고 가윈이를 낳고 유채색의 밝은 그림이 되었다고 식구 모두가 좋아했다.

여행을 무사히 끝내고 공항에서 집으로 오고 있다는 전화를 받고 안도의 숨을 쉬었다. 선물을 할 때면 많은 고민을 하게 된다 특히 남자 선물은 더 어렵다. 남편은 바깥사돈이 사온 이태리제 블랙 지갑을 선물 받고 긴 시간을 고민하여 메시지를 보냈다고 한다. 글의 내용, 토씨 하나도 소홀히 할 수가 없다고 했다. 손수 쓰는 글씨가 아니고 기계로 쓰는 신(新) 사돈지 라는 생각이 든다. 또 바깥사돈한테서 장문의 답글이 왔다.

명절이면 선물을 주고받고 일 년에 한 번 정도 만나서 식사를 하는데 이번 연말에 한번 만나자는 메시지가 왔다. 11월 말 주말에 약속을 잡아 보기로 한다. 친정에 다니러 온 딸과 사위가 조심스레 말을 꺼낸다. 아버님이 그러시는데 첫 아이 가윈이 이름은 유명한 작명소에 부탁하여 시집에서 지었는데 두 번째 애기는 친정에서 지어 줄 수 있냐며 여쭤보라고 했단다. 자식이 자식을 낳는데 일방적이지 않고 따뜻한 배려가 전해져서 훈훈했다.

갑자기 우리 아이 셋의 이름을 지어 주신 돌아가신 시아버지가 떠올랐다. 아직 시간이 남았으니 생각해 보자고 했다. 5년 전 결혼 날을 받아놓고 사돈은 우리 딸에게 예단과 예물을 없애고 양쪽 어른들 똑같은 크기의 금반지 4개만 맞추라고 하였다. 그 말씀이 인상적이어서 두고두고 고마운 마음으로 지니고 있다. 어느 해 식사자리 만남에서 내 글이 들어간 책을 선물했더니 단번에 읽으시고 극찬을 해주어서 기분이 좋았던 기억이 있다.

  시아버지와 며느리가 가끔 동네 카페에서 공부를 한다는 신식 사돈이다. 딸이 가원이를 맡기고 학원에 가는 날은 친정엄마보다 시어머니가 더 편하다는 말을 할 때 서운함보다는 우리 딸 잘 키웠다는 생각이 드는 것은 나만의 생각일까? 어른들한테 이쁨받는 우리 딸이 떠올라 미소 짓게 만든다. 바깥사돈끼리의 주고받던 메시지가 확정이 되었다. 큰아이 카페에서 12월 첫째 날 일요일에 만나기로 했다. 사돈 간의 만남이 만나다 보면 가족들의 모임이 된다.

  번거롭기도 하고 어려운 사이지만 만남이 기대되기도 한다. 시대가 변했지만 예전 어른들은 상상도 못했던 일이지만 신식 사돈의 만남이 일주일 뒤로 다가왔다.

(2019. 11)

형제애

 밤 사이 어설피 내리던 눈발이 잦아들고 나니 매서운 한파가 무서운 기세로 가슴에 얼음꽃을 만든다. 형제간에 우애를 제일로 삼던 어머니가 가신 지 벌써 5주기째 기일이 다음 주다. 엄마를 보내고 맏이와 동생들의 조그만 의견 차이로 형제간에 틈이 생겨 집안의 경조사 외에는 서로의 만남을 기피해 왔다.

 시장의 아동복 코너 쇼윈도 안에는 때 이른 봄옷이 가끔 눈에 띈다. 복사꽃을 연상케 하는 연분홍색 니트 재킷이 앙증맞게 자태를 뽐내며 발길을 멈추게 한다. 유아복을 산 지가 참 오래도 되었다. 장성한 자식들의 자식이 입어야 할 만큼 세월이 흘렀으니 말이다.

결혼한 큰딸 내외는 옷 살 기회를 주지 않는다. 반지르르 윤기 나는 고양이 두 마리에 푹 빠져 있다. 하얀색 자폐증 고양이 양순이와 코엑스 앞에서 따라 왔다는 얼룩 길고양이 양양이! 딸네는 어쩌다 들르는 달갑잖은 엄마의 눈길을 알면서도 '양양아! 양순아! 할머니 오셨다.'며 순식간에 나를 고양이 할머니로 만들어 버린다.

막내 남동생한테 전화를 걸어 확인한다.

"큰형네 손자녀가 둘인 줄은 아는데 위가 딸이냐, 아들이냐?" 물어본다. 몇 살인지도 가늠이 안 가는 하나뿐인 무심한 고모할머니가 되어 있다. 한겨울밤 이불자락을 서로 끌어당기던 오 남매가 짝을 만나 무탈하게 살고 있지만 어이해서 이렇게 되었는지…. 맏이한테 시집와서 고생한 큰올케를 누구보다 잘 알지만 조그만 욕심이 화를 불러일으켜 오빠 내외는 왕따 아닌 왕따가 되어버렸다. 큰올케가 첫아들을 낳았을 때 가슴 벅찬 기쁨과 경이로움이 하늘을 찔렀다. 일찍이 경험하지 못한 환희였다. 형제들의 가지에 첫 열매가 열렸다. 처녀 고모가 너무 좋아 한달음에 병원으로 달려갔었는데 어찌 이 지경이 되었는지?

따뜻한 안감이 든 연분홍색 더블 재킷과 회색 남자 아기 옷을 샀다. 큰조카에게 편지를 쓴다. '무심한 고모가 너의 예쁜 아가들에게 첫 선물을 보낸다.' 예쁜 고양이 그림이 들어간 엽서를 쓰면서 신바람이 난다.

"언니! 집 주소는? 손자 손녀 이름은?"

"나경이와 재민이야"

어느 나라? 어느 우주에서 온 별들의 이름인가? 생소하기 그지없다. 고래 싸움에 새우 등 터지고 어른들 땜에 자손들이 피해를 보는 부끄러운 어른들이 되어 있다. 택배 창구에선 고모할머니가 볼록볼록 공기를 머금은 뽁뽁이로 정성 들여 옷들을 포장한다. 선물 박스에 집어넣고 받는 사람 주소를 쓰는 고모 손이 기분 좋게 떨린다. 선물 한 자락에 훈훈한 겨울이 된 것 같다.

정말 오랜만에 조카 전화를 받아본다.

"고모 고맙습니다. 옷 잘 입힐게요."

"그래라."

고모 목에 힘이 들어간다. 유난히 큰 눈을 가진 조카의 얼굴이 수화기 너머 잡힐 듯이 떠오른다.

"아이들은 누구 닮았니?" 갑자기 아이들이 궁금하고 보고 싶어진다. "너 닮아야 하는데" 고모의 욕심이 도를 넘는다.

대화 중에 딸은 출가외인이란 한마디 말에 삐쳐서 마음속에 날선 송곳 하나 숨기고 산 세월이 5년이 되었다. 지금 생각하면 옹졸하기 그지없는 못난 날들이다.

살아생전 어머니는 큰아들과는 믿고 의지하며 유난히 사이가 좋으셨다. 생의 끈을 놓으시던 며칠 전 가물가물한 의식 속에 노인 병동의 식판을 부여잡고 옛 고향의 큰아들과 농사지으려 다니던 때를 생각하고 있다. 큰아들은 경운기를 몰고 뒤에 앉은 어머니는 빨리 가자고 재촉이다. 아른아른 엄마는 옛 일상에 발목이 잡혀 고향 속을 헤매고 계셨다. 생명줄 마지막까지도 밥줄에 자유롭지 못한 어머니….

　"쌀 많이 담그라. 길 건너 종아재가 오신단다." 동네 어른 접대 소홀하지 말라며 급하게 큰아들 환아를 부른다. "환이! 환아!" 어머니의 버팀목이자 우리 동생들의 대들보이던 오빠였다. 작은 체구였지만 당당했던 오빠였는데 맏이로 태어난 죄라고 말하고 싶으리라. 짓눌린 삶의 무게만큼 좁아진 어깨에 힘을 실어주고 싶다.

　이 겨울 장조카와의 소통이 진한 그리움이 되어 먹먹하게 가슴을 짓누른다.

　"엄마…."

　베풀고 살아도 모자라는 세상 요번 어머님의 기일에는 모든 형제들이 화해하고 용서하는 날이 되었으면 한다. 생전 어머님의 바람이 헛되지 않기를… 조그만 정성이 형제간의 벽을 허무는 계기가 되었으면 하는 '작은 소망' 하나 2012년 신년에 담아본다.

나의 자화상

　매일 이용하는 지하철 차창에 비치는 얼굴은 30여 년 전 어머니의 얼굴이었다. 섬뜩할 정도로 빼닮은 얼굴은 속일 수 없는 유전자이자 자화상이었다. 어린 시절 초등학교 때 방학이면 외가에 다니러 가곤 했다. 여름 방학이면 햇옥수수와 분이 파근파근 나는 감자를 외숙모께서 맛있게 쪄 주셨고 겨울 방학이면 개울에서 썰매 타는 재미도 쏠쏠했다.
　어느 해 방학이었다. 우리집은 읍내였고 외가는 산 밑에 위치한 자그마한 동네였다. 나름 약간의 우월감과 자만심에 차 있던 나에게 외가 동네의 아이들이 나를 보며 '낄쭈기 낄쭈기' 하며 놀렸다.

처음에는 무슨 소리인지도 몰랐다. 얼굴도 모르는 아이들이 놀리니까 내 얼굴이 그렇게 못생겼나? 하면서 어린 마음에 상처가 되어 슬펐던 생각이 난다. 그 뒤로는 외가에 가지 않았다.

그 이후로 내 얼굴은 길쭉하구나 하는 생각을 하고 살았다. 사춘기적 단발머리 여학생의 얼굴에 보기 흉한 여드름이 별처럼 돋아났다가 사라지면 거뭇거뭇한 흉터를 남기곤 했다. 여드름 박사였다. 하필 아들도 아닌 딸을 이런 피부로 낳아주었냐고 엄마한테 원망한 적도 있다. 세상에서 제일 부러운 게 매끈한 피부를 가진 친구들이었다. 얼굴 하면 떠오르는 생각이 하나 있다. J 대통령 시절 영부인의 얼굴을 험담할 때가 있었다. 주걱턱이라는 소리가 공공연하게 떠돌 때 나의 턱이 그럴 거라는 생각을 한 적이 있다. 아무도 그런 말을 하지 않았는데 어릴 때 뾰족 턱의 트라우마가 꽤나 깊었던 거 같다.

50세기 되면 자기 얼굴에 책임을 져야 한다는 말이 있다. 갸름한 계란형이 미인의 기준이 된 지 오래다. 계란형은 아니더라도 모자를 쓰면 잘 어울린다는 소리를 들을 때면 긴 얼굴이 자랑스러운 적도 있었다. 평생을 따라다니던 길쭈기가 탈바꿈 하는 사건이 터졌다. 관리 소홀인지 몸도 얼굴도 책임지지 못한 나는 몸이 네모가 되어 갔다. 볼살은 찐빵처럼 빵빵하게 터질듯이 부풀어 올랐다. 50대 중후반에 만난 사람들은 내 얼굴이 동그랗다고 했다. 평생에 처음 듣는 소리였다. 젊을 때 사진을 찾아서 보여주어도 잘 믿지 않았다. 거울 앞에서 매일 만나는 얼굴인데도 변화를 모르고 살았다. 충격이었다.

　근래에 찍은 사진 속에는 처진 눈과 넉넉한 볼살이 잡힌다. 그런 줄 알면서도 애써 인정하기 싫었는지도 모른다. 세월이 얼굴형까지 바꾼다. 가는 세월은 어떻게 해볼 수가 없다. 세상에 영원한 것은 없다는 진리를 얻었다. 청춘의 심볼이라는 여드름도 놀림을 받았던 낄쭈기란 말도 젊음이 있었기에 가능했고 이제는 그리워진다. 살과의 전쟁을 하다 보니 눈 밑 주름만 자글자글 늘어난다. 살아오면서 인상이 좋다는 소리는 많이 들었다. 흐려지긴 했지만 반짝이는 눈과 고른 치아가 자존심을 지켜준다. 아직 돋보기도 끼지 않고 책을 본다. 대통령도 한다는 그 흔한 보톡스나 성형 한번 하지 않은 자연산이니 낳아주신 부모님께 감사를 드려야겠다는 생각을 해본다.

　음력 정월의 어느 날 떠돌이 관상쟁이 할머니가 지나가는 소리로 남편복도 있고 자식복도 있다는 소리를 하고 갔다. 그 소리에 위안을 삼고 긍정적인 마음으로 환하게 웃는 모습으로 살아가야겠다. 둘째가 대학 다닐 때 그려준 초상화를 보면서 지난날의 얼굴을 더듬는다. 무얼 더 바라나….　　　　　　　　　(2015. 3)

생과 사

내 두 눈에 그렁그렁 눈물이 맺히는 것은 삶의 연을 놓고 우리 곁을 떠난 친구 때문이다.

친구야!

엇바자 남편 민나 속 끓이며 살아온 결혼생활, 젊은 시절 생활전선 뛰어들어 아등바등 지내온 팍팍한 너의 삶을 알기에 더 가슴 아프고 슬픔을 주체할 길이 없구나. 살아오면서 드문드문 널 만났지만 편한 자리, 속에 말 귀기울여 한번 들어 주지 못했는데 너는 영영 떠나 버렸구나.

친구야!

몇 년 전 널 만났을 때 뽀얀 얼굴 싱싱한 육체는 어딜 가고 쪼그라든 몸, 고생의 흔적이 덕지덕지 묻은 얼굴을 보면서도 따뜻한 위로는 못할망정 너의 삶을 방패 삼아 위안을 얻는 이기심 많은 못난 친구였구나.

친구야!

좋은 세상 좀 더 머물렀다 가지. 딸내미 시집보내 사위 사랑받아보고 손자녀 재롱도 보고 좋은 날 좀 보고, 재미있게 살다 가지. 안타깝고 애석하구나.

친구야!

나도 늙었나 보다 고향이 그립고 친구가 그립고 더러는 외롭기도 하단다. 한 많은 세상 잘 가거라. 이승에서 못다 한 것 저승에서는 잘 살거라.

친구야 너에게 진심으로 마음의 술 한 잔 올릴게. 네가 남긴 한 줌의 재 항아리 속에 영원히 잠들겠지만 영혼이 있으면 남은 식구들 잘 돌보아 주어라.

남편 몸 완쾌하고 딸내미 잘살게 말이다.

친구야 눈물이 또 나온다. 잘 가게나···.

망자가 된 친구의 남편은 내 남편의 친구이기도 하다. 친구가 떠난 그 겨울을 보내고 봄을 지나 휴가차 떠난 여름 여행, 이글거리는 태양 한적한 시골의 폭염은 모든 것을 집어삼킬 듯 날름거린다. 닭장(아파트)이 싫다고 입버릇처럼 말하던 친구의 남편은 주차 가능한 마당을 끼고 있는 시골집의 홀아비가 되어 우리 내외를 맞는다. 한쪽 날갯죽지 부러진 중늙은이가 안쓰러워 가슴이 아려온다. 어떤 위로도 말도 슬픔을 대신할 수는 없다.

부인 이름을 부르며 영아! 못난 남편 만나 고생만 하다가 불쌍하게 생을 마감한 아내에 대한 연민으로 촉촉이 눈가를 적신다. 타닥타닥 전자채에 몸을 부딪혀 생을 마감하던 하루살이의 기승도 잦아들고 숯불 위에 야들야들 누워 있던 한우 등심도 명을 다 할 쯤 우리 세 사람의 이야기도 그 옛날로 돌아가서 원점에서 맴돈다. 손때 매운 친구의 맛깔난 음식은 옛날이야기가 되어 버렸다.

부모 자식 간에도 부부 사이도 나중에 때가 되면 잘해주겠다고 기다리면 이미 늦는다. 순간순간 최선을 다해서 후회 없는 삶을 살 수밖에.

맛있는 향토 음식으로 요기를 하고 내년에 먹을 시골 토종 된장을 미리 맞추고 마디마디 열린 풋고추를 탐내는 삶은 어쩔 수 없는 살아 있는 자의 자유와 특권이다. 이승에서 못다 한 것들 저승에서 누리면서 편히 쉬게나.

친구야 늦게나마 또 한 번 명복을 빌어본다.

위암을 앓던 친구의 남편도 1년 반 뒤에 친구 따라 멀리 떠나고 그 2년 뒤쯤 부모 없이 고아가 된 딸이 결혼식을 올렸다. 결혼식에 다녀온 남편은 슬퍼서 차마 눈 뜨고 볼 수 없었다고 전해준다.

고인이 된 부모 몫까지 행복하게 살길 염원해 본다.

중독

중독이란 주제를 가지고 생각해 보았다. 중독(Intoxication, 中毒)은 기분 좋고 유쾌한 단어로 다가오지는 않는다.

알콜 중독으로 패가망신한 사람, 도박 중독으로 모든 걸 잃고 노숙자로 전락한 사람, 마약 중독으로 인간답기를 포기한 사람, 육체적 쾌락으로 정신이 황폐해지고 의존도가 높아지면서 될 대로 되라는 식이 되고 이성이 마비되고 모든 걸 잃어버린다고 생각한다. 인터넷 중독, 쇼핑중독, 일중독, 공부중독 세상에는 서서히 망가지는 중독이 있고 가스중독, 독극물 중독, 중금속 중독 같은 인체에 치명적인 중독도 있다.

나도 한때 스마트폰을 가지면서 인간이 만든 게임의 중독에 빠졌던 적이 있었다. 작년 이맘때쯤 국민 게임 애니팡의 열풍이 불어 애니팡을 배웠다. 동물을 합쳐서 점수를 얻는 게임이었다. 동물을 없애서 점수를 얻는 게임이니 동물 애호가들의 비난도 있다고 했다.

시간만 나면 게임에 매달렸고 눈이 빨개지도록 동물들을 쳐부수었다. 핸드폰 배터리가 없으면 충전기를 종일 매달고도 하였고 얼마간의 시간을 기다려야 할 수 있는 게임에 조바심을 내기도 했다. 이게 바로 중독이라는 것을 알면서도 쉽게 손을 놓을 수가 없었다.

아이들 어릴 적 생각이 난다. 삼 남매 모두 손가락을 입에 넣고 빠는 버릇이 있었다. 손가락을 입안에서 통통 불어 터지도록 빨았다. 그 행위를 제지하면 싫어하고 그냥 두면 조용하고 제일 행복해 한다. 애정 결핍이란 소리도 들었다. 아이들의 이런 버릇은 커가면서 다른 일을 만나면서 자연스레 사라졌다. 습관이 중독이 되고 길들여지면 쉽게 헤어 나오지 못한다. 흡연이 좋지 않다는 것은 전 세계인들이 다 알고 있어도 이 핑계 저 핑계 대면서 끊지 못하는 것이 제일 가까운 예다.

TV 프로에 핸드폰을 2년 반 동안 68번을 바꿨다는 고등학생이 나왔다. 그것도 일종의 중독이 아닐까라는 생각이 든다. 너무 지나쳐도 과해도 나쁜 틀에서 깨어 나오지 못하면 중독이란 생각이 든다.

60살의 아줌마가 애니팡을 끊은 계기가 있었다. 조금 긴 여행을 다녀와서 마음을 다졌다. 시간 낭비라는 생각이 들었다. 과감하게 잘랐다. 작지만 나와의 약속을 지켰다. 여행이 약이었다. 아이들에게도 배운 게 컸다. 습관을, 허전함을 다른 데서 찾아내고 내 생활이 있고 바빠지니 나쁜 버릇에서 벗어날 수 있었다.

몸에 좋지 않다는 것을 알면서도 입에 짝짝 붙는 달콤 쌉싸래한 믹스커피 맛을 잊지 못하고 몇 십 년을 마시고 있는 난 분명 커피 중독이다. 최소한 인간을 파멸로 이끄는 중독은 피해야겠지? 세상에서 제일 어려운 게 보통으로 사는 거라고 했다.

과유불급(過猶不及)이란 정도를 지나치면 미치지 못함과 같고 중용(中庸)이란 지나치지도 부족하지도 않은 적절한 상태를 가리킨다. 쉽고도 어려운 게 중용이지 않을까?

봄을 시샘하는 꽃샘추위에

나쁜 중독은 버리고 가족도 이웃도

따뜻한 관심과 사랑으로 감싸주는 봄을 맞이하자.

(「가족 잡지 COSMOS」, 2014. 3)

| 안경환의 수필세계 |

삶의 철학을 담담하게
잘 담아냄으로써 뼈 있는 수필

- 수필집 『못 말리는 가족』을 중심으로

오 경 자
(한국수필문학가협회 회장)

수필은 자신의 체험 속에서 글감을 찾아 문학적 서정과 주제 전달이라고 하는 무거운 책무를 함께 지닌 창작물이다. 글감의 내용 전달에 몰입할 때 자칫하면 신변잡사의 기록에 머물게 되어 주제 전달이라고 하는 본래의 목적을 잃어버리게 되는 경우가 많다. 이런 연유로 오랫동안 써 오는 수필 작가에게도 언제나 고민이 떠나지 않는 부분이 어떻게 주제를 잘 살리면서도 좋은 글감의 내용을 잘 전달할 것인가의 문제이다.

안경환의 수필은 얼핏 보면 신변잡사를 그냥 기록한 것처럼 보이기 쉬우나 그는 신변잡사를 아주 편안하게 기술하면서 그 속에 은근슬쩍 자신의 주제를 확실하게 형상화 시키는 재주를 지녔다.

거창하게 주제를 강조하는 것도 아니고 인생을 논하고 세상을 논리로 재단하지도 않는다. 그냥 수다를 푸는 것 같이 자신의 경험을 보고서처럼 써 내려간다. 그러는 중간중간에 번득이는 것이 그의 주제이다. 예를 들면 자신의 경험을 쓰되 그중에 방점을 찍는 부분이 그가 말하고 싶은 메시지이고 주제이다.

함정을 방문한 이야기가 주 글감인 '진수식'은 다 읽고 나면 아아 작가가 왜 여기를 갔고 어떤 말이 하고 싶어 이 글을 썼구나 하고 독자의 판단이 서는데 바로 그것이 주제이다. 교훈조로 애국의 당위성을 강조하며 강요하지도 않고 그저 자기의 일정을 소개하고 있는데 그 속에 애국과 안보라는 주제가 번득이고 있다.

제목 또한 '성북동 가는 길' 같은 것은 평이하기 그지없으나 그 안에 숨겨진 주제는 애국이다. 얼핏 보면 인생의 허무와 인연을 얘기하고 있는 것 같지만 주제는 애국이다. 한용운과 백의 우국충정을 논하고 있다. 그러면서도 서정 어린 마무리로 수필의 묘미를 잘 살리고 있다.

금방이라도 두 갈래머리의 소녀가 나풀나풀 나타날 것 같은 골목길… 한아름 자연을 안고 오는 뿌듯한 날 도심 속의 어머니 품 안 같은 성북동 길.   「성북동 길」중에서 자연을 노래하고 사계의 변화를 말하되 지극히 일상적인 일 속에 그것을 묻어서 향기로만 전한다.

사람들과의 인연을 중시하는 그의 관조를 담고 있는 '잃어버린 세월'에서는 끝까지 온전히 보살피지 못한 자신을 돌아보며 아예 처음에 시작하지 말 것을 발을 담갔다가 중간에 빼 버린 것 같은 회한에 젖어 든 그 심정을 글로 솔직하게 고백함으로써 진한 감동을 준다.

일찍이 장백일 평론가는 수필은 고백의 문학이라고 갈파했다. 그만큼 고백과 솔직은 수필에 있어서 중요한 요소이다. 그 대목에서 독자가 감동을 받고 그 작품의 주제와 메시지에 공감대를 형성하기 때문이다.

그녀의 판단에 쌍수를 들고 동감하며 이혼 직전 며칠 간이라도 은신처를 마련해 준 나는 무엇인가? 그 어린 남매의 처지와 그 속의 상처는 한 번도 헤아리지 못한 채, 20년의 세월을 넘고 있었다. 그네들의 인생에 왜 내가 한 발을 담그게 되었는지?

얽힌 운명에 자책이 온다. 자신에게 관대했지만 외로운 세월을 살아온, 그네들의 방관자일 뿐이었다. 되돌릴 수 있다면 그 옛날로 돌려주고 싶은 심정이었다. 인생은 생방송이다. 순간의 선택이 이런 결과를 몰고 오다니 상대의 안에 내가 되어보고 무심코 던진 돌이 다른 사람에게 피해는 되지 않았나? 나의 잣대로만 살지 않았나? 살아온 세월이 돌이켜진다. 과연 내가 그녀의 친구였을까? 그냥 옆집 아줌마였을까?

가족은 안경환이라는 수필가에게 있어서 활력 그 자체이고 오로지 사랑이다. 그의 수필에서는 가족 간의 갈등이나 무거운 제제보다는 밝고 활기차고 희망 그 자체인 것이 가족이다. 남편의 부도와 사업의 실패로 극심한 경제난을 겪었으면서도 그의 작품 속에서 그런 부정적 이미지의 것들은 기저에 깔려 버리거나 뒤로 완전히 숨고 그것을 어떻게 긍정적 시각으로 대처하고 이겨 냈느냐의 승리 이야기만 있다. 그렇다고 해서 자랑이나 위선으로 포장하는 것이 아니라 진솔하게 파국을 오히려 축제로 끌어가는 대단한 힘을 그대로 써 내보이고 있다.

이런 것은 작가 자신의 인생관이 삶의 방식을 그대로 내보이는 것임으로 자칫 천착하기 쉬운데 아주 발랄하게 묘사되면서 독자들이 그 글 자체를 반전의 기법으로 읽으며 감동을 받는다. 예를 들면 독자의 입에서 세상에 오죽하면 이랬을까 라면서 혀를 끌끌 찬다. 그리고 상상한다. 그 기가 막힐 상황과 당한 사람의 고통의 깊이를. 이것이 독자에게 주는 여백의 기쁨이다. 안경환은 자신의 수필에서 독자에게 이런 선물을 마음껏 쏟아붓고 있다함이 맞을 정도로 호쾌하게 실패의 이야기를 수필이라는 그릇에 담아내고 있다.
「글감을 주는 남자」, 「못 말리는 가족」, 「태사혜」, 「청어 가시를 발라주는 남자」 등 여러 작품에서 그의 가족을 통한 사랑의 관조를 엿볼 수 있다.

　카트가 수북하게 물건을 사야 직성이 풀리고 마트 가기를 좋아하는데 마누라 눈치 보느라 물건도 마음대로 못 사겠다는 남자의 나이가 들어가고 있다. 젊은 날 귀걸이를 한다고 귀를 뚫겠다고 하니 기함을 하던 남자가 얼마 전에는 내게 당신 눈꼬리가 처졌다고 성형을 고려해 보라는 말을 하였다. 세월 따라 사람도 변하나 보다. 남자는 말한다. 실수를 하거나 흉잡힐 거리가 생기면 '내가 바로 글감이지? 내가 없으면 글감이 없어 어쩔 뻔했느냐면서 하회탈 웃음을 웃는 그를 마주보며 웃어 주었다.
　　　　　　　　　　　　　　　　　－「글감을 주는 남자」 중에서

　시아버지 자리가 시어머니 될 사람에게 청어 가시를 발라서 접시에 놓아주는 것을 보고 결혼을 결심했다는 말을 했다. 저런 아버지의 아들이라면 괜찮지 않을까 생각했다고 한다. 원래 그렇게 해주는 것이 당연한 것이라고 생각한 내가 우습기도 하다. 자상한 것도 대물림이라는 생각을 해본다. 좋은 것은 물려주고 나쁜 것은 물려주지 않았으면 하는 바람이다.

- 「청어 가시를 발라주는 남자」 중에서

자신이 경영하는 가게에서 만나는 여러 사람들을 통해 세상을 보는 재미도 소소하게 잘 전하고 있다. 불의를 그냥 보아 넘기지 못하는 행동과 지성을 노래하고 다양한 사람들의 모습을 소탈하게 전하는 것이 그의 수필들이다.

「야야 친했고 말고」는 반세기를 뛰어넘는 세월을 간곳없이 만들며 과거와 현재를 넘나들며 우정을 나누는 아름다운 글이다.

딸이 미술 교사가 됐을 때 자신의 대리만족감을 스스럼없이 잘 그려내고 있는 것도 이 작가의 저력이다. 관조와 자신의 소신을 잘 버무린 이 작품은 주제의 형상화에 성공한 대표적 작품이라 할 수 있다.

누구에게나 어머니는 그리움을 넘어 설움이다. 고생을 하고 살았건 호강만 하고 살았건 특히 딸에게 있어 어머니는 파아란 슬픔이다. 안경환에게 있어서도 역시 어머니는 그리움 그리고 설움인데 글은 씩씩하기 그지없다. 그러면 어울리지 않아 우스꽝스럽게 느껴질 것 같은 생각을 하기 쉬우나 그것은 어쭙잖은 선입견이다.

「말순 여사」에서 작가는 어머니를 회고하되 어머니의 삶의 모습을 축도처럼 보여주고 있으면서도 딸에 대한 속 깊은 사랑을 행간에서 전함과 동시에 주제 형상화에 성공한 작품이다.

엄마의 깊어진 목주름이 눈에 들어왔다. 누렇게 매달려 있던 황금목걸이가 눈에 띄지 않는다. 엄마? 목걸이는? 알아들었는지 못 알아들었는지 대답이 없다. 옆에 있는 동생이 쉿 하며 옆구리를 쿡 찌르더니 아무 소리도 못하게 했다. 목걸이를 잃고 크게 앓았다고 하면서 엄마 가슴의 상처에 소금을 뿌리는 격이니 모른 체하라고 했다. 동생들은 엄마와 누나가 서로 알면 걱정될 일은 중간에서 전하지 않았다. 얼마나 속을 끓이며 애통했을까? 생각하니 왈칵 슬픔이 밀려왔다.

오늘 둘째 딸은 결혼기념으로 해 온 금반지를 손가락에 끼워주며 아빠, 엄마 이렇게 예쁘게 키워주셔서 감사합니다. 하면서 꼬옥 안긴다. 행복해야 해, 우리 딸!

손가락에서 반짝이는 금을 보니 어머니 생각이 간절하다. 내년이 미수인데 살아계시기만 한다면 환갑 때보다 더 굵은 금목걸이를 걸어 드릴 수 있는데, 애면글면 딸 때문에 속 끓이던 어머니는 내 곁에 계시지 않는다.   - 「말순 여사」 중에서

글감을 쉽게 주변에서 찾아내고 그것들 속에 자신의 삶의 철학

을 담담하게 잘 담아냄으로써 뼈 있는 수필을 쓰는 작가이다.

여행을 즐기는 작가가 여행 이야기를 쓰되 일상적 기행문에 그치지 않고 주제를 담아내는 수필로 쓰는 솜씨는 구성이다.

손주들에 대한 사랑도 이웃들과 도란도란 얘기하듯 써 내려가는 부분을 주목해 보면 여운을 남기는 그의 작품세계를 제대로 엿볼 수 있다.

생활 속에서 행복을 느끼고 아니고는 전적으로 당사자의 생각에 달린 일임을 일깨워주는 안경환의 수필집의 일독을 이런 연유에서 정중히 권하는 바이다.

| 에필로그 |

"

　『못 말리는 가족』 출간을 준비 중에 남편 손에 이끌려 조직검사 후 알게 된 유방암 확진, 입원, 수술 후 검진을 위해 암세포를 미국까지 보내서 나온 결과는 방사선만 하는 걸로 결론이 났습니다.

　방사선 치료는 치료기에 누워서 만세 자세로 하게 됩니다. 우연의 일치인지 7월 말 책이 나옴과 동시에, 암 진단을 받고 100일 되는 날 33번의 방사선 만세도 끝이 납니다.

　그 기간 동안 한 번이라도 환자로 살지 않았습니다.

안경환 수필집

못 말리는 가족

2020년 7월 25일 초판 인쇄
2020년 7월 30일 초판 발행

지은이 / 안경환
발행인 / 강병욱

발행처 / 도서출판 교음사
편 집 / 隨筆文學社 出版部

03147 서울 종로구 삼일대로 457 수운회관 1308호
Tel (02) 737-7081, 739-7879(Fax)
e-mail : gyoeum@daum.net
등록 / 제 2007-00052호

* 잘못된 책은 바꿔 드립니다. 값 12,000원

ISBN 978-89-7814-784-2 03810

이 도서의 국립중앙도서관 출판예정도서목록(CIP)은 서지정보유통지원시스템 홈페이지
(http://seoji.nl.go.kr)와 국가자료공동목록시스템(http://www.nl.go.kr/kolisnet)에서
이용하실 수 있습니다. (CIP제어번호 : CIP2020030924)

- 이 도서는 한국예술인복지재단의 창작준비금을 지원받아 제작되었습니다.